ほぼ日「はたらきたい展。2」の本

33の悩みと答えの深い森。

構成・文　奥野武範
（ほぼ日刊イトイ新聞）

青幻舎

奥野武範（おくの・たけのり）
1976年、群馬県生まれ。早稲田大学政治経済学部卒業。株式会社宝島社で雑誌編集者として勤務後、2005年に東京糸井重里事務所（当時）に入社。2020年で創刊22年、毎日更新を続けるウェブサイト「ほぼ日刊イトイ新聞」の編集部に所属。おもにインタビュー記事をつくっている。ときどき、ポップデュオ「レ・ロマネスク」のライブ・コンサートでギター係をつとめることがある。なお勤務先の「ほぼ日刊イトイ新聞」は、コピーライター糸井重里が主宰するウェブサイトで、「ほぼ」と言いながら22年間毎日欠かさず記事を更新中。「ほぼ日手帳」をはじめ、オリジナルの商品も開発・販売している。著書に『インタビューというより、おしゃべり。』（星海社）、企画・構成・文を担当したものに『世界を見に行く。』（石川直樹著／リトルモア）、『レ・ロマネスクTOBIのひどい目。』（レ・ロマネスクTOBI著／青幻舎）がある。http://www.1101.com

33の悩みと答えの深い森。

ほぼ日「はたらきたい展。2」の本

この本を手に取ってくださったみなさんへ

はたらく意味や、お金のこと、職場の人間関係。
就職活動、将来の夢、やりたいことと現実への不満。
はたらくことに関する「33の悩みや疑問・質問」に
「33人のはたらく人たち」が答えてくれました。
経営者、起業家、画家、芸術家。
女優・俳優、お笑い芸人、大学教授。
それぞれの答えは、絶対じゃない。
矛盾することさえ、あるかもしれない。
でも、それでいいと思いました。

はたらき方も、はたらく動機も、
はたらくよろこびも、人それぞれだから。
はたらくについての「悩み」と「答え」の深い森に、
どうぞ迷い込んでください。
そして、何かのヒントをひとつでも、
見つけてもらえたらいいなと思います。
抜け出たときに、
目の前が、ぱあっと明るくなっている。

そんな森、
そんな本になったらいいなと思っています。

33の悩み、33の答え。目次

自分に自信がありません。どうせ望んだ仕事にはつけないと諦めて、やりたいことを探さないようにしている感覚があります。

1/33

●悩み

臨床心理士を目指していますが、本当になりたいのか、自分でわかりません。親から押しつけられているわけでもないのですが、無意識のうちに、親の期待に応えようとしているのかと思ったりします。自分に自信がないからだと思います。自分に自信がなく、自分が望んだ仕事なんてきっとできないだろうと諦め、最初からやりたいことを探さないようにしている感覚があるんです。他の人たちは、自分の自信のなさに、どうやって向き合ってらっしゃるのでしょうか。失敗を恐れず挑戦するときに大切なことを、知りたいです。

（22歳・大学生）

●答え

むずかしい山に挑戦するときも、
6割5分くらいしか自信はありませんし、
自信は「高める」ことができます。

石川直樹（写真家）

答えた人

――石川さんも、大きな山、むずかしい山……たとえばエベレストやK2へ登ろうとするときに「自信まんまん」ってわけではないですよね、きっと。

石川　まんまんではないです。出発の時点では、だいたい「6割5分」くらいの自信しかないですよ。

――石川さんでも「6割5分」ですか。逆に言えば3割5分……つまり「イチロー選手の打率」くらいは、自信がない。

石川　その山のことを調べたり、経験者の話を聞いたりするうちに、自信つまり成功できる確率が、気持ちの中で「6割5分」くらいまで高められれば「俺にも行けるかなあ」と思えるんです。

――自信は「高めていく」んですね。調査や準備や訓練によって。

石川　そうですね。

――その「6割5分」の根拠は、何でしょうか。

石川　ないです（笑）。でも、ほら、7割って言ったら、だいぶ成功しそうじゃないですか。それよりは低いんだけど、成功と失敗をくらべたら、成功する可能性のほうが高い。そういう旅を、ずーっとやってきたつもりです。あの……ヒマラヤの山に登るとか、熱気球で旅するとか、「自分には、ちょっとできないなぁ」って思っちゃいがちじゃないですか。

——そうですよね、それは。

石川　案外できちゃうんですよ。

——え……っ？（笑）

石川　やりたいと思ったことって、本気で取り組めば「できる」と思う。9割くらいは。

——そういう実感があるんですか。

石川　あります。ぼくの「やりたいことリスト」の中で、まだ実現できていないのは「宇宙へ行く」なんですが、それさえも、本気で取り組み続けたら、いつか行けるんじゃないかと思ってる。少なくとも、生きてるうちには……いつか。

――宇宙以外は、だいたい実現してきたんですか？

石川　そうですね、「エベレストに登る」「北極圏のいろいろな場所に行く」「イルカと泳ぐ」「ユーコン川をカヌーで下る」「星の航海術を学ぶ」……とか、小学校や中学校のときのノートの切れ端に、そんなことばっかり書いてたんですけど。

――それらを、ひとつひとつ、実現してきた。

石川　あこがれていた人にも、だいたい会いました。

――たしか、ネット以前は、お手紙を書いたり電話をしたりして、会う時間をもらったりしてたんですよね。

石川　あこがれている人の講演会に行って、直接、話をさせてもらったり。そうやって、20代半ばくらいまでには「やりたいことリスト」の項目には、だいたい斜線が引かれていました。

――へえ……。

石川　だから、実現できるんですよ。ほとんどのことは。みんな、実現する前に諦めちゃってるだけだと思う。

――本気でやってやれないことは、めったにないと。

石川　仮に「やれる自信」がなくても、できることはあります。

――「自信を高める」ために。

石川　「徹底的に調べる」というのは、そのひとつです。対象を徹底的に調べることによって「正面からは難しいけど、反対側からなら登れるかな」とか。

――そうやって「実現可能性」を、ひいては「自信」を高めていく。

石川　今はインターネットという便利なものがあるわけだから、国会図書館へ通い詰めたりしなくても、対象ににじり寄っていく方法なんて、いくらでもあると思うんです。

――その経験から、9割くらいのことはできると。

石川　と、信じてます（笑）。

――たいして調べてない時点で、まだ「本気」になれてないんですね。

石川　そうだと思います。その段階で「無理かも」って諦めちゃうのは、よくわからない。それ、本気でやりたいと思ってないんじゃないのかなあ。

――じゃあ、その「やりたいことリスト」があらかた消えた今、石川さんは、どちらの方向へ行こうとしてるんですか。

石川　自分には「登りかかった山」があるんです。

――K2。

石川　そう、2回挑戦して、どっちも途中で断念せざるをえなかった。だから、K2には、もう一度チャレンジするつもりです。それに、カンチェンジュンガって山にも登ってみたいし。

――ええ。

石川　そうやって、山に登りながら撮影することへの関心は続いていきますけど、これからは、今までの経験をシェアしていくような方向にも力を入れたいです。

石川　ああ、それは、いいですね。

──「43歳デンジャラス説」というのがあるんですよ。

石川　なんですか、それ。

──いや、探検家で作家の角幡唯介さんが『すばる』に書いてたんですけど。

石川　ええ。文芸誌の。

──冒険家や探検家には「43歳」で亡くなっている人が多いんです。植村直己さんしかり、星野道夫さんしかり、登山家の谷口けいさんしかり、長谷川恒男さんしかり、北極探検家の河野兵市さんしかり……。

石川　わー、そんなにみなさん、43歳で。

──で、俺も今年43歳になるんです。

石川　お気をつけください！

石川　はい……、まあ自分はそんな偉大な人たちと比べられるほどのことは何もしてないですけどね。でね、これにはきっと偶然以上の理由があるんです。つまり、名を残すような探検家や冒険家って、だいたい43歳くらいまでには、すばらしい業績を残してるんですよ。その時点では、探検や冒険に対する技術も思考も哲学も研ぎ澄まされているから、ちょうど43歳くらいで「それまでよりも、すごいこと」をやろうとする。

──なるほど。でも、20代、30代と比べると……。

石川　そう。体力が落ちている。そこで、思考と身体の間に齟齬が生じてしまって。

──はあ……。K2って、難しいんですよね。

石川　写真を撮りながら登りたいぼくにとっては、難しいです。

──一般的な登頂率も低いと思うんですが、それってつまり「険しい」ということですか？

石川　険しいですね。どういうルートで登っても、平らなところがあまりなくて。

8000メートル付近にちょっと平坦な場所があるんですが、そこまでたどり着くのにも、落石は多いわ、雪崩は起きやすいわ……だから「技術」や「体力」だけじゃ足りないんです。「運」も、かなり必要になってくる。

石川 ――過去の2回の撤退の理由は、ともに「天候」でしたっけ。

石川 そうですね。去年は、雪の状態が悪くて、進めなくなってしまいました。頂上まであと600メートルの地点だったんですが。

石川 ――標高としては……。

石川 8000メートル。4年前、はじめて挑戦したときは7300メートルで撤退したので、少しは進歩したんですけど(笑)。

石川 ――「残り600メートル」というのは、どういう距離ですか。

石川 もう、そこに見えてる。頂上が。

石川 ――時間で言うと……。

石川 あと7、8時間ってところですかね。

――そのK2へ、「43歳デンジャラス説」真っ最中の今年、行こうと思ったら……。

石川　ええ。

――身体づくりを含めて、かなり念入りに準備をして。

石川　そうですね。いろいろ調べて、身体を慣らして、イメージして。

――そうやって、自信を「6割5分」まで高めていって。

石川　はい。

――どうぞ、お気をつけて。

石川　ありがとうございます。今度こそって感じで、3度目の挑戦ができたらなあと思っています。

（2020年2月17日　六本木にて）

※その後、新型コロナウィルスの世界的な感染拡大により、石川直樹さんのK2挑戦は、延期となりました。

石川直樹（いしかわ・なおき）

1977年東京生まれ。写真家。東京芸術大学大学院美術研究科博士後期課程修了。人類学、民俗学などの領域に関心を持ち、辺境から都市まであらゆる場所を旅しながら、作品を発表し続けている。2008年『NEW DIMENSION』（赤々舎）、『POLAR』（リトルモア）により日本写真協会賞新人賞、講談社出版文化賞。2011年『CORONA』（青土社）により土門拳賞を受賞。2020年『EVEREST』（CCCメディアハウス）、『まれびと』（小学館）により写真協会賞作家賞を受賞した。著書に、開高健ノンフィクション賞を受賞した『最後の冒険家』（集英社）ほか多数。2016年に水戸芸術館ではじまった大規模な個展『この星の光の地図を写す』が、新潟市美術館、高知県立美術館、北九州市立美術館、初台オペラシティなどに巡回。同名の写真集も刊行された。2020年には『アラスカで一番高い山』（福音館書店）、『富士山にのぼる』（アリス館）を出版し、写真絵本の制作にも力を入れている。

親から才能がないと言われます。才能って何ですか。

2/33

●悩み

師匠について職人仕事の修行をしており、現在4年目です。同期や後輩が成果を上げ独立していく中、自分には、まだそんな兆しはありません。もともと弟子入りに反対していた両親からは、3年やって芽が出ないなら才能がないのだから辞めろと言われていました。しかし自分は、この仕事が好きなんです。好きだという気持ちは、誰にも負けないと思っています。才能って、何でしょうか。もし「才能がない」なら、何にもないところから「才能」をうみだすことはできないのでしょうか。

（22歳・職人見習い）

●答え

才能という言葉に、きらめきを感じません。
自分にも才能がないと、ずっと思っています。
でも、才能がないからこそ、
常に「挑んでいく資格」があるんだと思う。

本木雅弘（俳優）

答えた人

本木　この方の悩みの文章を読んだときに、気づいたことがあって。

——はい。

本木　わたしも「自分には才能がない」って、つねづね思っているんですけど、本当に深いところで自分に問いかけると、まったくそこにこだわっていないんです。才能のあるなしという部分に、まったく。

——こだわっていない。

本木　「自分には才能なんかない、ニセモノなんです」とは、よく言うんです。

——ええ。はじめてインタビューさせていただいたときもおっしゃっていて、びっくりしました。

本木　でも、それさえも、自分の中ではひとつの「体裁」というか、みずからを鼓舞するためのレトリックなんです。「だからこそ、がんばらなきゃだめだ」って、自分に思わせるために言ってるだけ。

——つまり、それほど「才能」という言葉に……。

本木　特別な響きを感じない。そもそも自分は、前にも言ったかもしれないけど、仕事においても人生においても「ほどほどに希望して、人生を楽しく諦めていく」のが信条なんです。だから「才能」という言葉に振り回されたくないという気持ちが、あるんでしょうね。とにかく、その言葉に重さもきらめきも感じないというのが、正直なところです。

――今回も、おもしろいです。本木さんのお話。

本木　あ、そう？　だって、「才能」なんて、使い方を間違えたらとんでもなくアブナイというか……。「あいつには人を騙す才能がある」なんて使われ方もするわけですから。逆に「才能のない人」が、100回にいっぺんだけ、素晴らしいものをつくり出したとする。それが、たまたま誰かに発掘されて世間に評価されたとしたら？　そして「才能のある人」と言われた人が、なかなか評価されないという現象もある……。結局、等しくないですか？　どちらの立場も。

——運とか時代との相性なんかもありますよね。誰でも知ってるゴッホみたいな人も、生前はまったくの無名で……亡くなったあとに「うまれてきちゃった」みたいなものですし。本人の「才能」は変わらないのに。

木木　そう考えると、お悩みの文章に「この仕事が好きなんです」って書いてあるじゃないですか。「好きだという気持ちは、誰にも負けない」って。もう、それ以上の何が必要なんですかと。

——「好き」は「才能」。

木木　夢もない、カネもない、コネもない、もちろん才能も何もないっていう「ないない尽くし」でグズグズ言ってるんなら別なんだけど。わたしには「この仕事が好き」って言えちゃうこと自体が最大の才能に思えます。だって、もし「今の仕事、本当に好きですか？」って、口もとギリギリにマイクを近づけて聞かれたら、正直口ごもってしまうようなところがあるから。自分には。

——はあー……。

本木　わたし、ちいさいころから「書」を習っていたんです。

――はい、本木さんの書き文字、本当に美しいです。以前、インタビューの原稿に直筆の赤字をいれていただいたことがあって、その文字が美しすぎて、いまだに大事に保管しているくらいです（笑）。

本木　あ、ほんと？　まあ、書でもお芝居でも「評価されたい」という気持ちは人並みにあるんです。でも、またグッとマイクを近づけられたら、自分にとって大事なのは、その書を書いたとき、その役を演じたときに「心地よかったかどうか」なんです。

――自分の心地よさが、すべて。

本木　はい。書を書くときは「筆先と自分とが、いかに一体化していたか」が重要なだけ。

――仮に、誰にも評価されなくても？

本木　そうですね……もちろん評価されたらうれしいけど……たとえば自分ではギ

クシャクした芝居だったのに評価されちゃったなんてこと、いくらでもあるんです。そんなお芝居に対して「名演ですね」なんて言われたって、内心ではうれしくない。ちっとも。ただの「結果オーライ」だっただけで。

本木 ――狙ってやったことじゃないから。

だから、目指すは「自己満足」でいいんだと思います。何かをうみだす、つくりあげていく過程で、ただただ「気持ちのいい線が書けた」という瞬間や実感があれば、わたしはきっと、それで満足です。才能があるとかないとか、本物なのかニセモノなのかという評価基準って、ある意味で「砂の城」的な一過性の……そんなものでしかないんじゃないかな。

本木 ――時代の雰囲気や世の中の流行で、簡単にくずれてしまいそうですしね。何にせよ「評価の基準」というものは。

だと思います。

――あの、ゴッホの話で思い出したのですが、以前オランダのファン・ゴッホ美術館へ行ったら、1階がぜんぶ「自画像」だったんです。ゴッホの「自画像」だけが、壁一面に何十枚も、ずらーーーーーーっ……と。

本木　へえ。

――ゴッホは失意の人生を過ごしたわけですが、何でしょう、自分自身のなかにこんなにもあふれ出る何かを抱え込んでいたのかと思うと、よくわからないけど、ものすごく感動したんです。そして同時に、そこに、鬼気迫るような「才能」も感じて。

本木　それは何？　ゴッホはそんなに自分に向き合いたかったの？

――お金がなかったからモデルを雇えなかったという説明は、よくされているみたいです。でも、あれだけの自画像に囲まれたら、ただそれだけの理由では、こんなにもたくさん自分の顔ばかり描けないんじゃないかと思ったんです。

本木　なるほど。自分と向き合い続け、その果てに自害してしまうわけだけど、すべてが「才能の証」として残ったよね。今、ふと思ったけど、「才能」って「人から認められるもの」ではなくて、そうやって、自分自身が「深く掘り起こすもの」かもしれないね……。

——なるほど……掘り起こすもの。ともあれ、ゴッホのことを思うとき、「才能」というものには、どこか「悲しみ」を感じさせるところがあるなあと。

本木　うん、うん。

——いや、ただ「悲しみ」と言うとネガティブですが、必ずしもそうじゃなくて。うまく言えないのですが、どこか「心地よい感情」としての「悲しみ」……とでも言いますか。

本木　わたしね、ここ数年で、義母と義父を立て続けに亡くしたんです。

——もちろん、存じ上げています。

本木　でね、悲しみということについては、義母の樹木（希林）さんがよく口にしていた言葉があるんです。それはね、「人はやがて哀しき」って。この場合の「哀しき」って「ものの哀れ」に使う哀しみなんだけど、悲哀とも通じている。

——人は、やがて哀しき。

本木　そう、正確に言うと「おもしろうて　やがて哀しき」。どんなに華々しい人生を送った人でも、実はたくさんの孤独を抱えているものだし、どんなに幸せな亡くなり方をした人でも、みな最後には「やがて哀しき」に終着するのだと……。

——ああ……。

本木　「だから、人生とは寂しい」ということではなく、それが、人としての本来の姿なんだって。そこに、そこはかとない「美しさ」というか、ある種の心地よさを感じるのよ……って。

——わかります、その感情。

本木　何かを成した人でも、成さなかった人でも、誰もが等しく「孤独」のなかへ還っていく。その感覚、わたしも好きなんです。どんな物語であっても、どこかに悲しみや翳りを感じられると、辻褄があっているようで納得できます。そして、そういうものを感じられたときには、心が「うれしい」んです。

――うれしい。

本木　そう、それも歓びのひとつだと思う。あ、世界的指揮者の小澤征爾さんも言ってたなあ。「心を打たれる美しさというのは、すこし哀しみの味がするのよ」って。

――そうなんですか。わあ……。

本木　きっと、美しい音楽や偉大な何かには、その裏側に「哀しみ」が張りついていて、人々が共感するんじゃないか……。

――なるほど。

本木　その「天才的な才能」をもって、世の中に衝撃を与えたり、よろこびをもたらしたり、問題を提起したりするんだけど、ご本人が幸福な人生をまっとうするイメージって、あんまりないじゃないですか。夭折や早死や非業の死……どちらかというと悲しい結末が多い。

――そうですね、たしかに。ジョン・レノンしかり、マリリン・モンローしかり、マイケル・ジャクソンしかり。もちろん、全員がそうとは言えないでしょうけど。

本木　それぞれが「才能」を意識していたかどうかはわからないけれど、思うに、「才能」にこだわりすぎると、人生がキツくなるんじゃないかなあ。自分ごとでいうと、才能があるのかないのかわからず「境界をさまよっている」状態が、細く長く、続いていくのがいいと思います。

――はー……おもしろいです。

本木　ピークはいらない、そういう感じ。そっちのほうが「伸びしろ」があるとも思うしね。そして「伸びしろ」というのは「希望」そのものだと思います。

――伸びしろは、希望。本当ですね。

本木　ひとつ、思うのは。

――はい。

本木　自分には才能がないと、つねに自分を疑っているからこそ、わたしには、いつまでもこのステージに立ち続ける資格があると思ってる。

――おお、そこに「挑戦者としての資格」が。

本木　そう。才能がないからこそ「挑んでいく資格」が、あるんです。わたしには。

（2020年3月13日　渋谷にて）

本木雅弘（もとき・まさひろ）

1965年生まれ、埼玉県出身。81年TVドラマ「2年B組仙八先生」でデビュー。89年映画「226」で日本アカデミー賞新人俳優賞、映画「シコふんじゃった。」（92）で同賞最優秀主演男優賞など多数受賞。自ら発案し主演を務めた「おくりびと」（08）は日本映画史上初となる、米国アカデミー賞外国語映画賞部門を受賞するなど、国内外で数々の映画賞を受賞。TVドラマではNHKスペシャルドラマ「坂の上の雲」（09）で主演・秋山真之役、「運命の人」（12／TBS）では山崎豊子の推薦により主人公弓成亮太を演じた。CM界でも独自の存在感を放ち、名実ともに活躍する実力派。2020年、NHK大河ドラマ「麒麟がくる」にて斎藤道三役で出演。

[主な出演作]「ラストソング」（94）、「トキワ荘の青春」（96）、「双生児～GEMINI」（99）、「巌流島 GANRYUJIMA」（03）、「日本のいちばん長い日」（15）、「天空の蜂」（15）、「永い言い訳」（16）。

3／33

AIって、人間を不要にするの？

●悩み

今年度から、会社がペーパーレスの推進を強化し、一気に仕事がなくなりました。会議の資料をファイリングするという仕事が、主だったからです。紙がなくなり、紙に関連する文具を注文することもなくなり、雑用もなくなり、ただ、ポツンと机の前に座っているだけ。いたたまれなくなり、辞めることに……。この先、人工知能の発達で、ますます人間が不要になりそうです。AIって、人間を不要にするの？　人間にしかできない仕事をやりたいです。

（55歳・事務職）

●答え

人間の仕事は、なくなりません。
われわれのやっていることは、
ＡＩにはできない判断の集合体。
八百屋の野菜の並び替えも、
たぶん機械にはむずかしいです。

安宅和人（慶應義塾大学環境情報学部 教授／ヤフーＣＳＯ）

答えた人

安宅　人間の仕事は、なくなりません。残念ながら（笑）。

――おお、なくなりませんか。

安宅　なくなりませんね。

――どれくらい本気でそう思っているかはさておき、「ＡＩに仕事を取られちゃうからさあ」みたいな言い方は、茶飲み話としてはよくあると思うんですが。

安宅　ですよね……しかし今、開発されている「ＡＩ」が「当面できること」って、人間の労働の大半を自動化しないんですよ。

――そうなんですか。そこには、大きな誤解があるかもしれませんね。

安宅　もちろん、いろいろ便利になりますけど、人間の仕事はなくなりません。情報の仕分けや識別については完全に自動化されますし、クルマの自動運転みたいなことも実現していきますけど。

――ええ。自動運転というのは、やっぱり実現されるんですね。

安宅　劇的に楽になります。でも、人間は当面、乗り続けなきゃならないでしょう。

とくにクルマと人間の入り混じっている道が、むずかしい。

――それはつまり、そこらへんのふつうの道のことですね。

安宅　そう。われわれ、東京の路地裏みたいな狭い道路では、厳密に言えば「違法行為」しながらすれちがってるわけです。人の家の敷地内に乗り上げたりとか。

――あ、なるほど。ＡＩには「ルールを破らせる」のがむずかしいと。

安宅　通常はやってはいけないことを、この場合はやれ……というのは、ＡＩにしてみたらめちゃくちゃな命令なんです。

――なるほど……。

安宅　狭い道でのすれちがいは、人間の運転だから許されています。仕方がないねってことで。あれを機械にやらせたら、さまざまな点で問題でしょう。

――仕方がないね、が通用しなくなると。でも、高速道路では、かなり自動運転でいけちゃうようになるんですね。

安宅　はい。高速道路はほとんど大丈夫になると思います。でも、それでも事故や工事で道じゃないところを走らなければならないという突発的な事象は生じうる。そのときは、人間が対応するしか方法がない。ゆえに、かなり長期に渡って「運転手」はいなくならないと思います。

――逆に、ＡＩに任せっきりにできる分野というのは。

安宅　工場のロボットなどは、これもトラブル対応を除き完全に自動化可能ですが、それはすでに人間から機械に置き換わってますよね。

――あ、なるほど。じゃ、今から心配することではない。

安宅　そう思います。ルーティン的な仕事は、だいたい自動化できます。でも、そういう仕事は、すでに機械任せになっている。情報識別系の鬱陶しい作業なんかも自動化可能ですが、それは、そもそも人間に向いてないことを、人間ががんばってやってるんです。そういう仕事こそ機械にやらせるべきだと思います。

——たとえばそれって、どういう仕事ですか。

安宅　大量の製品の中から、わずかな不良品を発見する仕事とか、ミススペルの発見とか。そんな作業はまったく人間に向いてないし、すでに機械に置き換わっていますよ。

——では、人間にできて、機械にできないことって……。

安宅　まず、意味や文脈・文章の、人間世界での常識を踏まえた理解。世界中の研究者が何十年も取り組んでいますが、むずかしい。そう簡単には実現できないと思います。

——具体的には？

安宅　たとえば、会議の部屋に誰かが入ってきたら、その場の空間、位置づけが変わることがあります。われわれはその変化にいちいち対応しているけれども、同じことを機械ができるとは、ちょっと思えないです。

——雰囲気とか空気を読む。むずかしそうです。

安宅　あるいは、今わたしの手のなかにあるiPhoneの触りごこち。これは、製品における重要な情報ですよね。

――はい。触感の良し悪しが製品のクオリティに関わるという意味で。

安宅　それって、人間の手じゃないと感じられないじゃないですか。

――ああ、そうですね。

安宅　会議での椅子の並べ方にしても、職場のどこに観葉植物を置くかにしても、ひとつひとつはたいしたことなさそうな判断が、じつは、けっこう「たいしたこと」なんです。われわれのやっていることは、そういう判断の集合体。八百屋さんの店頭の野菜の並び替えみたいなことだって、たぶん機械には難しいと思いますよ。

――人間って、案外むずかしい判断をしているってことですね。

安宅　そうですね、機械にしてみたら。だから、人間にしかできない仕事は、たくさんあるんです。

――膨大なデータを大量に処理するという、その「量的な変化」が、ぼくらの暮らしを「質的に変える」ということが、なんだかふしぎなんです。つまり、すごい量の数字を処理することが、人間の生活を変えることにつながるって。

安宅　だって、この会議自体も。

（※このとき、安宅さんは移動中。iPhone＋ZOOMを用いたオンライン取材でした）

――ああ、そうですね……こんな未来が来るとは、思ってもみませんでした。

安宅　ただ、質的な変化という意味では、コンピュータの登場のほうが本質的だったかもしれないです。

――あ、そうですか。

安宅　40年くらい前のホワイトカラーって、かなりの時間を「計算」に食いつぶされていたんです。でも、その部分は、もう完全に自動化してますよね。

――ええ、たしかに。

安宅　でも、計算仕事は消滅したけど、ホワイトカラーの仕事ってなくなってないですよね。計算に割いていた時間を使って、われわれ人間は、まったく別の仕事をやりはじめたわけです。

――計算から開放された余力で、さまざまなイノベーションがうまれた、と。農業みたいな分野については、どうなんでしょう。

安宅　農業こそ、極限的に自動化が進んできた分野です。

――なるほど、そうか。機械による大規模農業。

安宅　現在は、産業革命前の１００分の１以下の労働で、比較にならないほどの農作物をつくれるようになっています。建国当時のアメリカでは約96パーセントの人が第一次産業従事者だったと言われていますが、現代では、わずかに数パーセント以下。それだけの人数で、２００年前の何倍もの農業生産や漁業生産がおこなわれているんです。

――言われてみれば、ＡＩうんぬんの何十年も前から、大規模農業の時代でしたものね。

安宅　ですね。今、不定形な「田んぼのヘリ」の部分を除けば、人間の手で田植えをする人はいないでしょう。刈り取りも機械。脱穀も機械。農薬を撒くのも機械。これ以上、何が自動化可能なのかという分野なんです。

――なるほど。

安宅　だから、農業に関して言うと、もはや自動化が問題ではない部分をやるんじゃないかというのが、わたしの見解です。

――と、おっしゃいますと。

安宅　たとえば、雑草の芽、成長点だけをチョキチョキ切ってくれる、ちっちゃいロボットとか。チョコチョコ動いてチョキチョキ切ってくれる、10センチくらいの。

――こびとのおじさんみたいな（笑）。

安宅　そういうロボットが開発されたら、突然「農薬フリー栽培」が実現するかもしれない。

――そこも、ＡＩがカバーできる分野なんですか。

安宅　その「チョキっと君」の実現は、ＡＩなしには不可能です。つまり「雑草」を見分けて切るという作業には、相当高度な識別能力が必要なんです。

――「チョキっと君」って、もう名前までついちゃって（笑）。おもしろいなあ。

安宅　（笑）。あるいは今、高級な野菜って、ほぼハウス栽培だと思うんですが、その内部の湿度・温度管理、日照管理などについては、すべて自動化できます。これまでは人間が天候などの状況を「読んで」やってきたことだけど、人間がやるよりも完璧だし、トラブルシューティング的にも、われわれの気づかない部分まで管理してくれるので、収穫量も上がるでしょう。

――おお。

安宅　人間には気づかない精度で、野菜の不調を察知してくれるから、野菜としても「よりハッピー」になると思う。

——ハッピーな野菜。いいですね！　では最後に安宅さんは「ＡＩのおもしろさ」って、どういうところにあると思いますか。

安宅　まあ、ぼくの場合は、ＡＩそのものがおもしろいというよりも。

——ええ。

安宅　現在のＡＩ技術の中心にある、深層学習とかニューラルネットワークの革新を見ていると、われわれのように中枢神経系を持つ動物が「どのように情報処理をしているか」が見えてくるように思うんです。

——ＡＩ研究のアナロジーで、われわれ生命体の秘密がわかってくる？

安宅　そう、人間をはじめとした「脳を持つ生物」における情報処理の真実が、見えつつあると思っています。

——はー……。おもしろいです。

安宅　ＡＩを研究することによって、われわれ自身が、われわれ自身のことを、より深く理解していく。そんなふうに、今、感じているところです。

（２０２０年３月23日　外苑前↑ＺＯＯＭ↓紀尾井町）

安宅和人（あたか・かずと）
慶應義塾大学環境情報学部教授、ヤフー株式会社ＣＳＯ（チーフストラテジーオフィサー）。データサイエンティスト協会理事。マッキンゼーを経て、２００８年からヤフー。前職のマッキンゼーではマーケティング研究グループのアジア太平洋地域中心メンバーの一人として幅広い商品・事業開発、ブランド再生に関わる。ヤフーでは２０１２年よりＣＳＯ。途中データ及び研究開発部門も統括。２０１６年より慶応義塾ＳＦＣでデータサイエンスを教え、２０１８年秋より現職（現兼務）。イェール大学脳神経科学ＰｈＤ。内閣府ＣＳＴＩ基本計画専門調査会委員、同 数理・データサイエンス・ＡＩ教育プログラム認定制度検討会 副座長などデータ×ＡＩ時代での変革をテーマにした政府委員を多く務める。著書に『イシューからはじめよ』（英治出版、２０１０）、『シン・ニホン』（ニューズピックス、２０２０）。

はたらくことば――その1

仕事が減ったっていいから本当に自分の描きたい絵を描こうって決めてからは、仕事は減らずに……逆に増えたんです。まわりの目ばかり気にしていたころより、自分へ自分へと向かっていったら、逆にお仕事をいただけるようになりました。

福田利之（イラストレーター）

4／33

30歳を過ぎたら、伸びしろはないのでしょうか。

●悩み――

この歳（29歳）までOLとしてはたらいてきましたが、クリエイティブな職業に転職しようと思っています。でも、いざ転職を志そうと思うと壁は厚いです。いわゆるフツウの会社員をやってきた人って、ものづくりやもの書きの世界（クリエイティブな世界）からすると「使えない」のでしょうか。30歳を過ぎたら、伸びしろはありませんか？

（29歳・貿易実務）

●答え——

陸上って、卓球などとはちがって、
スタートが遅くても「追いつける競技」です。
そして、ほとんどの仕事は、
「卓球的」ではなく「陸上的」だと思います。

為末大（為末大学 学長／元陸上選手）

答えた人

――為末さんは、29歳のときに日本選手権で優勝し、400メートルハードルの北京オリンピック代表に選ばれました。

為末　ええ。

――競技生活を退いた現在は、文章を書かれたり、講演活動をなさったり、若い選手を指導されたり、さまざまなお仕事をされています。そういったご自身の経験から、この質問に対して、何か言えそうことがあったら、お願いできますでしょうか。

為末　30歳からの伸びしろ、ですよね。ぜんぜんあると思いますよ。ただ、スポーツのロジックに当てはめて言わせていただくなら「どの部分が伸びるか」は、年齢によって変わってくると思います。

――具体的には、どのように、でしょうか。

為末　人間という生きものは、10代を通じて身長が伸び、骨格も定まっていきますよね。すると、特殊な動きが求められる競技……たとえば「高速で飛んでくるピンポン球を打ち返す」ような競技は「10歳」くらいで、かなりの部分が決まってしまうんです。

為末　――つまり「卓球」などは。

ええ、12歳や13歳ではじめても、追いつかないでしょう。

為末　――福原愛さんなんて、保育園くらいの年齢から、すでに有名でしたもんね。

ですから、なかには「6歳で勝負あり！」みたいな競技も、たしかにあるんです。その点、わたしのやっていた陸上競技は、トレーニング次第では、スタートが遅くても追いつくことができる。

為末　――おお、そうなんですか。

その理由は、陸上というのは「日常動作」に近い運動だからです。多くの人が、日々、当たり前のようにやっている動きの延長上にあるので、比較的、遅くはじめても伸びていく可能性がある。18歳からはじめて、金メダルを獲った人もいるくらいです。

――それは、勇気の出る話です。

為末　ひるがえって、わたしは現在、いろいろな仕事をさせていただいているんですが、ひとつ思うのは……。

――ええ。

為末　ほとんどの「仕事」というのは「卓球的」じゃなく「陸上的」だということ。ある特殊な技能ではなく、さまざまな要素の合わせ技、総合的なちからでことに当たるんです。

――なるほど。

為末　この質問の方も「ものづくりの職人、もの書き」になりたいということですから、どちらも、そこまで特殊な技術ではないですよね。

――そうですね。後者に関して言えば、小説なのか、エッセイなのか、ノンフィクションなのか、具体的にはわかりませんが、「文章を書く」って、子どものころからやっていることですものね。

為末　そういう意味でも、まだまだ伸びしろはあるんじゃないでしょうか。

――為末さんは、29歳のときに日本選手権で優勝していますよね。その時点では、身体能力としての「ピーク」は……。

為末　過ぎていました。わたしの場合、身体的なピークは「25歳、26歳、27歳」くらいだったと思います。一般的にも、陸上競技の身体能力って「22歳、23歳」をピークに下っていくんですけど。

――え、そんな若くして下っちゃうんですか。

為末　下っちゃいます（笑）。ただ、その一方で「駆け引き」だとか「戦略」というものについては、経験を積めば積むほど向上していく。つまり、身体能力が落ちるペースよりも速く「自分の扱い方」が上手くなっていく選手は、身体的なピークを過ぎても強くなっていくことができる。

――自分の扱い方。

為末　単純に「動作」というものは、「繰り返す」「何度もやる」ことで、滑らかになり、無駄もなくなっていくんです。

——つまり「回数」が重要。

為末　それが「身体」の「扱い方」ということです。そして、もうひとつはメンタル面での「自分の扱い方」。それは、言い換えれば、自己を深く認識すること。自分は「ピンチから逃げ出してしまうやつ」なのか「危機に直面したときに、あえて一歩を踏み出すやつ」なのか。自分という人間は、どういうときにどんな反応をするのかを、しっかり把握しておくことが重要なんです。

——おのれを知ること。

為末　ほぼそれですね。

——ほぼそれですか。

為末　そこで、ほとんど決まってくると思います。

——自分は、ジャッキー・チェンが好きなんです。唐突ですみませんけれども。

為末　いえいえ。はい、ジャッキー・チェンですか。

――若いころ、つまり20代前半くらいのジャッキー・チェンのカンフーって、動きは速いし、みなぎるような筋肉の弾力性もあって、全身からはちきれんばかりのエネルギーを感じるんです。

為末　ええ。

――でも、30歳を過ぎたころのカンフーのほうが、断然「格好よく見える」んです。映画で言うと『スパルタンX』とか、あのあたりなんですが。

為末　へぇ、そうなんですか。

――若いころのカンフーは、力任せにバタバタしているようにも見えてしまう。30歳を過ぎたジャッキーのカンフーからは、流れるようなしなやかさや無駄を削ぎ落とした動きを感じるんです。まあ、ただのファンの感想なんですが……。

為末　おもしろいですね。陸上競技の世界では、身体能力の影響があまりに大きいので、40代や50代で試合に勝つことは無理なんですけど、動きから無駄が落ちて洗練されていくということは、あるかもしれないなあ。

――あの、スポーツの世界では、よく「イメージすることが重要」だと言いますよね。

為末 ええ。イメージトレーニングのことですね。

――自分も最近「イメージする」ことの重要性がわかるようになってきたんです。取材をして記事を書くという日々の仕事の場面でも。

為末 ああ、そうですか。

――理想とまでは言いませんが、少なくとも「こうありたい」という状態がイメージできている場合には、インタビューにしても、原稿を書くにしても、わりとうまくいく気がしているんです。

為末 スポーツにおける「イメージトレーニング」の効果は、粒度の細かいそれをやっておくことで「はじめて出合う状況」をつくらない、似たような状況に直面しても冷静でいられるということなんです。

――一度「この展開」を想像していたかどうかって、かなり大きいですよね。

為末　わたしの場合は、銅メダルまでは「色つき・音つき」でイメージできたんです。まるで「8K」の映像みたいに、ありありと。

――おお。

為末　でも、いざ「金メダル」を獲ろうとしたら、うまくイメージできなかった。当時フェリックス・サンチェスというチャンピオンがいたんですけど、「自分が彼よりも前に走っている姿」を頭のなかで思い描いても、まったくリアリティがないんです。色もないし、音もしていなくて……。

――「金メダル」が「モノクロ」だった。

為末　結果として、現実の場面でも金メダルを獲ることはできませんでした。身体能力の限界を超えた場面はイメージできないのか、イメージできないものには身体が追いついてこないということなのか……どっちが先なのかはわからないですけど。で、同じようなことって、今の仕事でもたしかにあると思います。

――だいたい見えてる……というやつですね。あと、よく「フォームが崩れる」って言う現象にも、興味があるんです。同じようなことが、仕事の場面にもありそうな気がしていて。

為末　ほう。

――自分の仕事は、こうしてインタビューの記事をまとめることなんですが「これは読者にウケるはずだ」と思った記事がそうでもなくて、逆に「これはツウ好みかなあ」という記事のアクセスが伸びたりする。つまり、予想と結果がズレるようなことが続く時期があって、そういうときには、自分の立ち位置を見直したりしています。

為末　初心に戻って「そもそも、何だったんだろう」と確認し続けることは、陸上競技でも非常に重要ですよ。

――あ、そうですか。

為末　はい、とっても。

――自分がやっているインタビューというのは「人と人とのコミュニケーション」なので、年齢や回数を重ねるほど、スポーツで言う「なめらかで、無駄のない動き」になっていくとは思うんです。

為末　ええ。

――その反面、「小中学生がするような、素朴な質問」のほうが「本質的」だったりもする。だから、そこのところを、できるだけ忘れないようにしています。

為末　スタート地点を忘れないことの重要性ですね。スポーツでも、同じだなあ。たとえば「伸び悩んでしまう選手」には、大きく2パターンあるんです。つまり「本質を見失ってしまう」場合と、「変われなくなってしまう」場合。

――はー……。

為末　後者の「変われなくなってしまう」というのは、文字通り「自分が変われなくなること」で、わりとシンプルなんですが。

――ええ。

為末　前者の「本質が見えなくなる」というのは、陸上で言えば、次のようなことです。つまり、オリンピックで勝つためにウェイトトレーニングをするんだけれども、そのうちに「筋肉をつけること」ばかりに夢中になってしまい、それが「速く走る」ことと関係あるかどうかがスッポリ抜けてきちゃうんです。手段の目的化って、よく言うんですけど。

――それは、ありそうですね。自分の身体が日に日に変化していくのって、きっとおもしろいでしょうし。

為末　そこで「速く走るために」という「本質」を見失わない選手は、やはり成長にブレーキはかからない。そういう選手って、決まってものごとをシンプルに捉えているんです。「ようするに、胴体をゴールまで人より速く運ぶ競技だよね」とか「相手のゴールに球を入れる競技だよね」とか。

――なるほど。

為末　本質を見失わずシンプルに捉えられる選手は、大きな目的と、そこへ達するための手段とが、ズレにくい気がします。

――はい。

為末　本質から目を逸らしてはならない……ということ。それが、陸上から学んだ大きな点だと思っています。

（2020年3月2日　渋谷にて）

為末大（ためすえ・だい）
1978年広島県生まれ。スプリント種目の世界大会で日本人として初のメダル獲得者。男子400メートルハードルの日本記録保持者（2020年7月現在）。現在は人間理解のためのプラットフォーム為末大学（Tamesue Academy）の学長、アジアのアスリートを育成・支援する一般社団法人アスリートソサエティの代表理事を務める。新豊洲 Brillia ランニングスタジアム館長。主な著作に『Winning Alone』『走る哲学』『諦める力』など。

長くはたらいた先には、どんな気持ちが待っているのでしょうか。

5／33

●悩み

この先、何十年も「はたらくこと」を続けた先には、どんな気持ちが待ち受けているのか、人生の先輩に聞きたいです。今わたしは、はたらくことを約10年、続けてきました。わたしにとって、この最初の10年は、自分自身「よく続けられたなあ」という思いと、知らなかった世界に対する「驚き」の期間でした。わたしよりももっと長く、何十年もはたらいた先には、いったいどんな気持ちが待っているのでしょうか。

（35歳・教員）

●答え

答えをすぐに求めすぎていると思う。
好きなことをやれているなら、
心配しなくても、自然にわかります。

柚木沙弥郎（染色家）

答えた人

――柚木先生は、はじめ、倉敷にある大原美術館にお勤めになられたんですよね。

柚木　そう、22歳から。それからずっと、やってきたんだけども。

――ということは、もう「75年」くらい、お仕事をしてらっしゃる。

柚木　うん、でもそれは、自然にそうなったわけでね。

――はい。

柚木　だからさ、この人も、そんなに先のことを心配しなくたって、いいんじゃないの。

――ああ、そう思われますか（笑）。

柚木　だって、自然にわかりますよ。そのときが来ればね。ああ、あっと言う間だったとか、まだまだ足りないなあとか。そのとき、自分がどう思うってことは、そんなことは、そのうちに。

――先生は、どうですか。75年という年月を振り返ってみて、いかがでしょう。

柚木　ぼくはね、女子美（術大学）で教えていたんだけど、もうね、定年になるのを、ずっと待ち焦がれていたんだ。

柚木　――そうなんですか。

柚木　うん。早く定年が来ないかと待ち焦がれて、そしたら、今度は大学院とかいうもんができちゃったんで。それから、また何年かお願いしますってことになって。

――学長さんでらっしゃったんですよね。

柚木　そう。学長をやってた4年間というのは、もう、本当に学校のことだけしかできなかった。校舎の移転だとか、学部の新設だとか、いろいろあってさ。朝から晩まで、会議ばっかりだし。

――じゃあ、染め物も、絵を描いたりも、あまりできず。

柚木　そう。ぼくは、はやく自分の本分に集中したかった。だから、定年になって「ああ、これからどうなるだろう、どうやっていこうか」なんてことは、いっさい考えなかったな。こうして長いことやってきて、いろんなことがあったけれども、ぼくは、仕事がおもしろかったからね。

――定年したら、本分をやるんだ、と。以前に、話をうかがった画家の笹尾光彦さんも「これが本分と思える仕事に出合える人生ほど、すばらしいものはない」っておっしゃっていました。

柚木　うん。それがね、いちばんだね。一生懸命にやっていれば、次から次へとお願いが来てさ。その流れに乗っかって、ひとつひとつの仕事に対して、自分流に解釈して答えを出していたら、自然に、時間が過ぎていった。

――長かったですか、短かったですか。これまでの75年間。

柚木　短くはないけど、時間は意識しない。ただただ、無我夢中だった。

――無我夢中。

柚木　とくに、ぼくらのころは戦争があったからね。10年後はどうだろう、20年後はどうだろうって考える余裕もないまま、ここまで来ちゃったね。

――ああ、そうですよね。先が見えないという意味では、今よりもずっと……。

柚木　まず、食べるものが不足していたし。

——先生はたしか、東京大学で学んでいるときに、学徒動員で。

柚木　そう、だからね、戦争が終わったときに、どっちへ行ったらいいだろうって。そのときは、ずいぶん途方に暮れましたよ。ちょっとだけ大学に戻ったけど、もう勉強はいいやと思った。

——そうですか。

柚木　どうしても、おもしろいと思えなかった。で、たまたま倉敷の大原美術館に勤めたんだけど、当時の館長が民藝の柳宗悦に傾倒していた人でね。そういうものに囲まれて暮らしているうちに「ああ、こっちもいいなあ」と思って。

——染め物の道へ。

柚木　終戦直後なんて、闇市で何か食べものを買えたらいいほうで、みんな食うや食わずだった。でも、そういう状態でも、ぼくには少し楽天的なところがあるのか、どうにかなるだろうと思っていた。

――どうして、そう思えたんでしょうか。

柚木　大学を辞めて、これだと思う道が見つかっていたから、それで、どうにかなるだろうと思っていたのかな。だから、この人だってきっと、先生の仕事が好きなんでしょう。

――そんな感じがします、文面からは。

柚木　だったら、好きなことさえやれていれば、大丈夫ですよ。この道の先がどうなっているかなんて、そんなに心配しなくたって。で、もし、そうじゃないなら、自分は何がおもしろいと思うかをつかむほうが先でしょうね。イヤイヤやらされてるって感じじゃあ、うまくいかないよ。

――35歳からでも、遅くはないですか。

柚木　遅くなんてない。大早いよ！

――「大早い」（笑）。

柚木　ぼくなんて、「ちょっと遅かったかなあ」って考えが出だしたのは、ここ80

歳くらいからだもん。

柚木　はああ……そうなんですか。80歳。

——いまはデジタルで、ボタンを押せばガチャンと出てくるでしょう。答えっていうか、そんなようなものがね。

柚木　ええ。

——すっかりそういう時代になっているけど、みんな、結果をすぐに求めすぎていると思う。そうじゃなくて、何ていうんだろう、その道中をね、もっと楽しんだほうがいい。そこが、おもしろいところ。それこそが、人生。

柚木　はい。

——そうやってさ、どこへ流れていくのかわかんないけど、どんどん攻めていくだけですよ。

柚木　先生は、そうされてるんですもんね。

——そうですよ。ドンチャチャドンチャチャって、自分で自分に掛け声かけてやってんです。

――今も。

柚木　うん。

――先生は、お休みの日ってあるんですか。

柚木　う〜ん、ない。

――ないんですか！

柚木　毎日が休みっていえば、休み。でも、今日だって明日だって、この家の3階（のアトリエ）によじのぼって、いろいろやってる。そのときは、ずーっと集中してものを考えている。

――どんなふうにしようかと。

柚木　朝方、目の覚めるころに「ああ、それは、いいな」っていうアイディアを、よく考えつくんだ。

――先生は、今年で……。

柚木　98歳。それよりもさ。

――はい。

柚木　こないだの仕事の印刷見本、はやくつくって見せてよ。

（2020年3月5日　渋谷・富ヶ谷にて）

柚木沙弥郎（ゆのき・さみろう）

1922年、東京田端生まれ。東京大学に在学中、学徒動員により勉学を中断。復員後に就職した大原美術館で柳宗悦の民藝の思想と芹沢銈介の型染カレンダーに感銘をうけ、染色家の道に進む。1950年、国画会奨励賞を受賞。型染めによる染布、染絵など多くの作品を制作。作家としての活動と並行し、女子美術大学で後身の指導にもあたり、1987年～1991年まで女子美術大学、女子美術短期大学の学長を務める。1986年、初めての絵本「魔法のことば」が〈子どもの宇宙〉国際図書賞を受賞。1990年代以降、イラストレーション、版画、ガラス絵、板絵などにも精力的に取り組み、近年では人形、オブジェなど立体造形までに幅を広げ作品制作を続けている。2014年、フランス国立ギメ東洋美術館にて、2018年、日本民藝館にて大規模な回顧展が開催され、多くのファンを魅了した。

諸行

和尚さま!!
なんじゃ
私は働いているのでしょうか?
それとも修行をしているのでしょうか?
その前に
コンビニへ行ってもらえるかな

バイト

これ重いッスね!!
だな。
どうだバイトは?
だいぶ
なれて来ました!!
荷物が重い時の方が
働いてるって感じが強いですね!!
給料は同じだけどな!!
ナハハハハハ
不思議ッスね!!

6／33

仕事を辞めることにしました。
でも、自分に向いていることがわからず、
次に何をしていいかわかりません。

●悩み——今の仕事に就いて7年目ですが、向いていると思ったことがありません。努力はしてきたつもりですが、無理でした。苦手なことをやり続け、職場での自分も嫌いになってきています。そこで転職しようと決めたものの、何が自分に向いているのかわからず、ぐずぐずしています。どうやったら自分の得意なことを見つけ、本当に向いている仕事につけるのでしょうか。

（29歳・人事総務）

●答え

向いてない仕事ばっかりやってきました。
でも、その先に、
思いもよらない未来が待っているんです。

レ・ロマネスクＴＯＢＩ（歌手／クリエイター）

答えた人

——TOBIさんは、サラリーマン時代に、さまざまなお仕事を経験されてますよね。片手では足りないくらいの数。

TOBI　両手でも足りないです。

——おじさま向けフーゾク店のもぎたて情報紙の三行広告を取る仕事、お葬式専門の花屋さん、牛乳しか飲めない下戸の極道さんが2000万くらい「集金」した帰りに必ず寄るバーのバーテン、冷たい地下室で半透明のビニールシートを50センチ四方の正方形にえんえんカッティングする不気味な仕事……。

TOBI　とくにおかしなものばかり挙げないでください。

——で、そのようなお仕事に従事されたあと、忽然とフランスへ渡り、レ・ロマネスクとなって帰ってくるわけです。

TOBI　そうですね、変わり果てた姿でね。渡仏したのは、29歳のときでした。あ、この人（質問者さん）と同じだ。そういう歳なんでしょうね、29歳くらいってね。

――これまで経験してきたお仕事について、それぞれ「向いている」とか「向いていない」とかって、あったんですか。

TOBI　何にもないです、そんなの。向いているとか向いていないとか考える余裕もなかったし、あらためて考えてみれば、すべてに向いていなかったと思います。

――あ、そうですか。じゃ、パリでピンクのレ・ロマネスクとなって、ようやく「向いている」と。

TOBI　いや、今の仕事だって、向いているかどうかはわかりません。

――えっ、マジですか。

TOBI　うん。とりたてて「向いている」とは言えないと思う。

――TOBIさんがレ・ロマネスクに向いてなかったら、いったい誰がレ・ロマネスクをやるんですか。

TOBI　誰もやらないでしょうし、あんな仕事に「自分は向いている」なんて、ふつう思えます?

――そう言われましても(笑)。

TOBI これぞ天職と思ってはじめた仕事じゃないし、ああいう姿で歌ってくれとお願いされるから続いているだけなんです。やってて楽しいかなとは思うけど「向いている」とは、今でも思わない。オファーが来なくなった時点で、すぐに辞めると思います。

――レ・ロマネスクでさえ、向いているかどうかわからないなんて。

TOBI そのくらいでも、けっこう続けられるもんですよ。

――ああ……でも、そういうものかもしれない。仕事って。

TOBI だからね、これは断言してもいいですけど、だいたいの人に「向いていること」なんかないと思いますよ。

――おおお。

TOBI もっと根本的なことを言ってもいいですか。

――お願いします。

TOBI　向いていることとか、得意なことなんて、なくていいんです。

――根本的！

TOBI　そんなものなくたって、なんとかなります。少なくとも、ぼくには「得意なこと」はないし、むしろ、たくさんの「苦手なこと」から逃げるように生きてきた人間です。

――その結果、現在の状態へたどり着いた。

TOBI　だから「苦手なこと」が多い人ほど「向いている仕事」をしているように見えるのかもしれないですね。

――つまり、得意なものなどなくとも「おそるることなかれ」と。

TOBI　それが、人間のふつうの姿です。

――この方はすでに転職することは決めていて、でも「自分の得意がわからない、だから、何をしたらいいのかわからない」とおっしゃっています。

TOBI 何でもいいんじゃないんですかね。たぶん「得意なもの、ないかな〜?」とむりやり探しても見つからないから、適当に「苦手なもの」や「嫌いなもの」以外から選べばいいんじゃないかなあ。今の場所で悩んでグズグズしてるよりよっぽどいいよ。

――そうですよね。

TOBI 適当に、というのは、いろいろと経験してみたらという意味です。少なくとも、今の状態が「苦手すぎて、自分が嫌いになりそう」なら、すぐにでも辞めるべきですよ。だってそんなの、たいへんじゃない。

――「すぐに」と言うと。

TOBI 明日にでも。今晩なんでもいいから暗い曲でもつくって、すぐYouTubeにアップするべきです。

――一歩を踏み出すには、思い切りやスピード感も重要だと。

TOBI 転機って、たぶん、そういうものだと思う。ボヤボヤしてたら、スルッと逃げてっちゃう速度でやってくるんです。ぼくがフランスに行こうって決めたのも、ほんの「数秒」でしたし。

TOBI
――そうやって、えいやと思い切って舵を切れば、開けてくる可能性もあると。

そう思います。向いているかどうかをいちいち見極めようとしていたら、どっちにも動けなくなると思う。だから、向いているかどうかはひとまず置いといて、興味のあることに手を出してみればいい。それも、できるだけ「気軽に」ね。

TOBI
――出した手を引っ込めたっていいやくらいの気持ちで。

そうです、そうです。北海道の牧場で120頭の雌牛の乳搾りをしていた夜はもちろん、今の仕事をはじめたときでさえ、まさか将来、自分がパリコレやフジロックやブロードウェイミュージカルに出たり、カマキリ怪人の役で特撮ドラマに出演するだなんて、思ってもみませんでしたから。

――向いていると思ってなかった仕事の延長線上に、カマキリ怪人。

TOBI　だからやっぱり、向いていることなんて、なくていいんですよ。ぼくに関して言えば「向いていること」があったら、ある意味「じゃま」になっていたと思う。

――もし、TOBIさんが、エクセルが得意だったら……。

TOBI　「自分はエクセルが得意」ということにとらわれて、エクセルを使えない職業は選んでいなかったと思う。もちろん、エクセルを使う仕事だってすばらしいんですが、自分のつくった曲をベネズエラの高校生が卒業式で歌ってくれたと聞いて感動することはなかったでしょう。

――たしかに。

TOBI　思えばぼくは「向いてないこと」ばっかりやってきた気がします。でもその先に「思いもよらない未来」が、待っていたんですよ。

――なるほど。

TOBI　で、楽しいじゃないですか。そういう人生のほうが。

（２０２０年２月12日　外苑前にて）

レ・ロマネスクＴＯＢＩ（レ・ロマネスク トビー）

フランスで結成された音楽ユニット「レ・ロマネスク」のメインボーカル。世界12カ国50都市以上で公演後、日本に拠点を移す。自らの稀有な体験をまとめた書籍「レ・ロマネスクＴＯＢＩのひどい目。」が話題に。「お伝と伝じろう」「激レアさんを連れてきた。」などメディアに出演。最近では、ブロードウェイ・ミュージカル「ウエスト・サイド・ストーリー」Season1への出演など、俳優やラジオパーソナリティとしても活動の幅を広げている。

7/33

営業の仕事が嫌いなのに、
向いていると言われます。
求められるならがんばりたいですが、
疲れてしまい、
ストレスがたまるばかりの毎日です。

●悩み

営業部へ異動になって9カ月経ちましたが、営業の仕事が嫌いです。1日に何回も初対面の人と話すのに、疲れてしまいます。でも、まわりの人には「向いている」と褒められます。仕事というのは、人の役に立ってはじめて成り立つと思うので、求められるのならがんばりたいですが、今のままでは、ストレスがたまるばかり。どうしたらいいでしょうか。

（34歳・営業）

●答え——

If you don't like where you are, move.
You're not a tree.
動けば、呼吸も楽になると思いますよ。

秀島史香（ラジオＤＪ／ナレーター）

答えた人

――秀島さんは、大学生のときに、今の道に入ってらっしゃるじゃないですか。

秀島　ええ。

――それって、ご自分で「向いてる」とかって、わかってたんですか。

秀島　いえ、あこがれだけで飛び込んだって感じでした、最初は。実は、昔から人見知りですし、いわゆる「緊張しい」なんです。

――えっ、そうなんですか。

秀島　はい（笑）。

――わりと今でも、もしかして。

秀島　はい、いつもドキドキしてます（笑）。ダメだなあと思うこともたくさんあるし、はたして向いてるのかなとも思いますが、生放送中、一瞬でも「わあ、たのしい！」って思えたり、リスナーがよろこんでくれたりすると、ぜーんぶ「軽くなる」んです。やっぱり、この仕事でよかったーって。

――わかります。

秀島　向いているかどうかよりも、そういうことで続けてこられたと思います。

――リスナーがよろこんでくれる理由は、まずは、秀島さんがよろこんでいるからですよね。

秀島　そうですね。わたしが歯を食いしばったままだと、リスナーもハッピーになれないでしょうね。だから、そういう意味では、このご質問の方には、思い切って居場所を変えてみてもいいんじゃないかなって。

――「向いている」とは言われるけれども。

秀島　お悩み文のなかに「求められるなら、がんばりたい」という一節がありますけど、「人の役に立っているんだから、少しくらい辛くてもがんばろう」と思ってしまっているのなら「ちょっと待って」と言いたいです。

――どうしてですか。

秀島　わたしは「どんな仕事でも、人の役に立っている」と思っているんです。それが「仕事」というものだし、仮にお金を稼いでいなくたって、家の中を心地よくすることは、立派な「仕事」ですよね。

——その家に住む人の役に、大いに立ってますものね。

秀島　どんよりしたお天気の日に「おはようございます」って、ご近所さんに挨拶するだけでも、挨拶された人の気持ちをパッと晴らすかもしれないし。

——はい、「ほぼ日」には、そういう読者投稿がたくさん届きます。誰かのちいさい気持ちを受け取って、足取りが軽くなりました……というような。それって、完全に人の役に立ってますよね。

秀島　そう、だから「仕事」であればなおさら、絶対に誰かの役に立っていると、わたしは思うんです。であるならば、自分を犠牲にするんじゃなくて、自分を大事にできる仕事を見つけにいくほうが、わたしはいいと思うんです。

——自分のことを大事にしてる人って、まわりのことも大事にできる気がします。

秀島　そうだと思います。ニコニコしていて機嫌のいい人って、その場の雰囲気をよくしてくれますし。

――ええ。

秀島　求められているけど「ストレスがたまるばかり」なんだとしたら、どうぞ、今の場所から、軽やかに動いちゃってほしいです。

――今とは別の世界へ飛び込むのが「こわい」という気持ちも、あるんでしょうけど。

秀島　わたし、この方と10歳ちがうんですけど、社会人経験も20年とかになると、まわりが実に「いろいろ」なことになってる。会社をいくつも渡り歩いてイキイキはたらいている人もいれば、テレビ局の「花形」である制作から経理へ異動になって、最初は不本意だったらしいけど、「やっぱりこっちのほうが向いてたわ。若いころは世間的にかっこいいイメージに惹かれちゃうのよねえ」って笑ってる人もいたりして。

――やってみたらおもしろかった……みたいなことって、そこら中にあるんでしょうね。

秀島　そう思います。

――ファッション誌のヘアメイクをやっている知り合いがいるんですけど……。

秀島　はい。

――千葉のほうで野菜やコメをつくっていたお父さんが亡くなっちゃって、急に広大な田畑を「継ぐ」ことになったんです。

秀島　え、そうなんですか。

――ほとんど手探りで畑の仕事をはじめたものの、当初は近所の農家さんからも「東京でチャラチャラした仕事をしてる倅だろ？」みたいな目で見られて、栽培の仕方なんかも、なかなか教えてもらえなかったそうなんです。

秀島　ひゃあ。

――1年目や2年目は、出荷どころか育てることさえままならなかったそうですが、根がマジメでまっすぐな人なので、お父さんの残してくれたノートで必死に勉強して、その姿にご近所さんの誤解も解けて、だんだん教えてもらえるようになって。

秀島　ええ、ええ。

――今年でもう8年目なのかな、立派な野菜を出荷するまでになったんです。

秀島　すごいですね！

――その人、ヘアメイクも辞めていないんです。

秀島　えっ……。

――東京で撮影がある日なんか、朝、畑で野菜のお世話をしてから、電車で都内へ移動して、ファッション誌でヘアメイクをやってるんです。

秀島　かっこいい！(笑)。

――プロのヘアメイクだったのに農業なんて、思いもよらなかったはずですけど、今は両方の仕事を楽しんでやっているんですよ。

秀島　ほんと、何でも「おもしろがれる」んだなあ。勇気が出ますね。そう思うと、この相談者の方も、まずは一歩を踏み出してみたらいいですよね。そして、ご自身が心地よく力を発揮できる仕事に、出合えたらいいなと思います。

――本当に。昨年、大学の恩師が退官になるというので、最終講義を聴講しにいったんですね。

秀島　ええ。

――そしたら先生は、ぼくが学生だった20年前と、まったく同じことをおっしゃってたんです。ザックリ言うと「自分のやりたいことは、まずは自分自身が大切にしてやらなければならない」ということなんですけど。

秀島　ああ……。

――学生時代さんざん聞かされていたんですが、当時はぜんぜんピンときていなかったんです。

秀島　当たり前じゃん、って。

――そう思ってました。でも、社会に出て20年はたらいたあとの自分には、めちゃくちゃ響いたんです。つまり、自分の好きなことを、自分以上に大切にしてくれる人っていないんですよ。

秀島　そうだ……ほんとだ。

——相談者の方はまだ若いし、そういうことにも、これから気づいていくのかもしれないとは思いました。

秀島　だからやっぱり、動けばいいんだと思います。今いる場所に息苦しさを覚えているなら。英語で、こういうフレーズがあるんです。「If you don't like where you are, move. You're not a tree.」って。

——ああ、いいですね。

秀島　今、あなたのいる場所が心地よいと思えないなら、動けばいいじゃない。あなたは木じゃないんだから……って。

——まさしく、この人に言ってあげたい言葉です。

秀島　ねえ。

——動いたら、きっとまわりの景色は変わりますよね。

秀島　おひさまの当たり方も変わるだろうし。呼吸も楽になりますよ、きっと。

――はい。

秀島　思えば、わたしたちの祖先だって、アフリカ大陸を出て、世界中を移動してきたんですものね。より、心地いい場所をもとめて。

――それも「生命」をかけてまで。

秀島　本当ですよね。なんか最後、めちゃくちゃスケールの大きな話になっちゃいましたけど（笑）。

（2020年3月10日　中目黒にて）

秀島史香（ひでしま・ふみか）

ラジオＤＪ、ナレーター。１９７５年、神奈川県茅ヶ崎出身。慶應義塾大学在学中にラジオＤＪデビュー。ＦＭ局のＤＪ、ＴＶやＣＭのナレーション、機内放送、絵本の読み聞かせ、通訳や字幕翻訳、執筆活動などで活躍。現在、Fm yokohama「SHONAN by the Sea」、ＪＦＮ系各局『Please テルミー！ マニアックさん、いらっしゃ～い！』などに出演中。安室奈美恵さんの引退前に民放ラジオ１０１局でオンエアした特別番組『WE LOVE RADIO, WE LOVE AMURO NAMIE』で進行役も務めた。ニッポン放送『文豪ＲＯＣＫ！～眠らせない読み聴かせ宮沢賢治編』で、令和元年度文化庁芸術祭 放送個人賞受賞。著書『いい空気を一瞬でつくる 誰とでも会話がはずむ42の法則』（朝日新聞出版）が販売中。

上司や同僚の些細な言葉に傷ついてしまい前に進めなくなります。

8/33

●悩み

まわりからは明るく活動的で、悩みなんかとは無縁だと思われている……と、思います。でも本当は、上司や同僚の些細な言葉……言葉尻や「てにをは」のようなものさえ気になってしまい、ひそかに前に進めなくなっていることが、しょっちゅうです。それは、話し言葉だけじゃなく、メールの文面などについても同様です。文末に「!」がついていないだけで「怒ってるのかな……」とか。気にしすぎているだろうことはわかるのですが、どうにもなりません。言葉というものと、おおらかに向き合うことって、いつかできるのでしょうか。

（26歳・金融）

●答え

焦るな……の一言だと思います。
医者も患者も健康な人も、
焦っていいことはひとつもないので。

星野概念（精神科医など）

答えた人

星野　ぼく、この人の気持ち、けっこうわかるんです。

――あ、わかりますか。じつは、自分もなんです。

星野　ねえ？　ビックリマークがついてないだけで「怒ってるのかな？」とかね、いや、よーくわかりますよ。

――最近はそうでもないんですが、若いうちは、けっこう気にしてました。この人ほど深刻ではなかったかもしれませんが。

星野　人生の経験を重ねてくると「自分と他人には、多かれ少なかれズレがある」ということがわかってきますものね。だから、この方に言えることがあるとすれば。

――何でしょう。

星野　「焦るな」。

――おお。

星野　……の一言、じゃないですかねえ。

――詳しく聞かせてください。

星野 人を「怖い」と思ったことって、あります？

――えーと、自分は人に会って話を聞く仕事なんですけど、「はじめて会う人」に対する恐怖はありますね。正直に言うと「今日も」でした。

星野 そうですよね。われわれ初対面ですもんね。

――自分の知らない「地雷」を踏んで突然キレられたらどうしようとか、そういうことへの心配は、捨てきれないものとしてありますね、いまだに。そんなことは、過去に一度もないんですけど……でも、どうしてですか。

星野 いや、自分もそうなんですけど、奥野さんも「誰かの言葉」に、かなり触れている人だろうなと思っていて。

――ああ、そうかもしれないです、それは。だから「知らない人が怖い」というのは、つきつめれば「その人の言葉遣いを知らない」というのが、大きいのかも。

星野　うん、うん。

——その人自身というよりは、その人の言葉が怖いというか……。なので、最初の15分とかは探り探りなんですが、しばらく話せば、そんなことスッカリ忘れちゃうんですけどね。

星野　この相談の方は、その「探り探り」が、永遠に続いている状態なんでしょうね。そりゃあ、疲れちゃいますよね。

——たしかに……それは、しんどそう。

星野　でも、先ほど奥野さんも言っていたように、口調がぶっきらぼうだとしても、メールに「ビックリマーク」がついていなくても、別に怒ってなんかいない、そういう人なんだということがほとんどなのは、だんだんわかってくると思うんです。社会での経験を積んでいけば。

——メールや電話で「怖そうだな」と思っても、実際にお会いしてみると、すごくいい人だったりするケースってありますもんね。

星野　そう、そうやって「答え合わせ」の回数が増えていけば、そのうちに気にならなくなると思うんです。で、そこで重要なのが……。

——ああ、「焦るな」！

星野　そう、つまり、今みたいなアドバイスをいくら言っても、自分で実感できない限りは、この人、気になり続けると思います。「気にするなって言うけど、気になるんですけど！」って。

——そうでしょうね……。

星野　だから、究極的なことを言ってしまうと、この人自身が経験を重ねて、「ビックリマークついてなくても、別に怒ってないじゃん！」と実感できるまで待つしかないんです。

——なるほど。

星野　これは、診療の場面でも同じなんです。精神科医って、患者に対して「どこが気になったの？」とか、「そんなに気にしたりすることかな。もういちど考えてみようよ」みたいな感じで、ずっと隣を伴走する役目なんです。その「アドバイス」が強くなると「説得」になってしまいますが、どうあれ、どんなに「あなたは大丈夫だから！」と言っても、大丈夫じゃない人は、ずっと大丈夫じゃない。

――ええ、ええ。

星野　つまり「自分で気づくしかない」んですよ、究極的には。

――じゃあ、この人は、ひとまずは「今のまま」でいいんでしょうか。ぼくらの経験からしても、いずれ、そんなに気にはならなくなりそうだから。

星野　いや、ぼくは「そのままでいいです」って突き放すつもりもなくて、だって、この人の気持ち、わかるから。昔は自分もそうだったけど、40になった今、そんなには気にならなくなってる。そういう例は、少なくともここに2例ありますよと。

――それがわかるだけでも、呼吸が楽にはなりそうですね。

星野　ぼくね、小学校6年くらいになってもチンチンがむけてこなかったんで、すごく不安だったんです。

――おお(笑)、切実な悩みだ。

星野　ものの本にはむけると書いてあるし、まわりを見渡してもチラホラ……という状況だったんで、かなり悩んだんです。それで、あるとき担任の先生に聞いたら「大丈夫だ」と。

――「焦るな」と(笑)。

星野　そう、「そのうちに」と。

――でも、すごい……その相談をしたんですか。先生に。

星野　でも、いくら「安心しろ」と言われても、ずーっと不安で、ずーっと気になっていました。その不安が消えたのは、「むけてきたとき」なんです。

――ようするに「自分で気づいたとき」……ほんとだ。

星野　つまり、物事ってそんな急に変化しないし、困った状態はそんなすぐに解決したりしないんです。だから、焦らない、急がない。これ、ほんとに大事。

——それ、自分自身にも強めに言いたいですね。

星野　大学病院の精神科って、たくさんの人が来るんです。外来の日なんか、60人とか、70人とか。

——一日に、ですか？　ひゃー……。

星野　ええ。10時間や11時間、ぶっ続けで診ている日もあります。そうすると、常に「研ぎ澄ました状態」でも、いられなくなってくる。

——そうですよね、それは。

星野　このままじゃ終わんないぞ、と焦りはじめる。で、医者が焦ると、まあまあ、ロクなことが起きません。薬をいっぱい出しちゃったりとか。

——わあ。

星野　ひとりひとりの診療がインスタントなものになっていき、ああ、この患者はまだよくならない、薬をもっと足さなきゃダメだ……みたいな。

――はやくよくしなきゃって、焦っている。先生のほうが。

星野　医者が焦ったところで、患者はよくならないじゃないですか。だから、ぼくは「よくしようとしすぎない」ことを、自分に言い聞かせるようにしてます。

――なるほど。

星野　そうするとね、数カ月とかの時間がかかるかも知れないけど、結果的に、ぜんぜん状態がよくなるんです。薬も少なくてすむし。

――今の話は、ぜひ、この人に教えてあげたいですね。もしかしたら、焦って、自分に負荷をかけて、悪循環に陥ってるかもしれないし。

星野　同じ日本語を話す人同士でも、言葉の使い方や意味については、すごく細かいズレが無数にありますよね。そのズレを、ことごとくキャッチしちゃうから辛くなるんでしょうけど、「ズレがあるもんだ」ということを、少なくとも、忘れないようにすることかなあ。今のところは。

――敏感すぎるアンテナも、そのうちに、うまく錆びついてくることだってあるし。

星野　かつて、同じように言葉にビクビクしていた人が、少なくともここにふたりいますよね。だから、決して自分だけじゃないと思って、ひとりだけで抱えこまないこと。

――その上で「焦るな」、ですね。

星野　医者も患者も健康な人も、焦っていいことはひとつもないので。

――誰かに相談してみるのも、よさそうですね。

星野　そう思います。人の悩みというのは、多くの場合「孤独」とひもづいていますから。

（２０２０年３月６日　渋谷・桜丘町にて）

星野概念（ほしの・がいねん）

病院勤務の精神科医。執筆や音楽活動も行う。雑誌やWebでの連載のほか、寄稿も多数。音楽活動はさまざま。著書に、いとうせいこう氏との共著『ラブという薬』（2018年2月）、『自由というサプリ』（2020年4月）がある。

誰にも感謝されない仕事を続けられますか。

9/33

●悩み

部署の異動で、バックヤードと言いますか、人目につかない部門へ配置換えとなりました。仕事内容はとにかく地味で、職場も本社から離れています。これまでは営業部で、お客さんや同僚からの「感謝」にやりがいを感じていましたが、今の業務内容では、それもありません。人は、誰からも感謝されない仕事を、続けられるものでしょうか。

（43歳・会社員）

●答え――

その仕事に
自分が存在する理由を感じているなら、
続けられると思います。

堤大介（アニメーション映画監督）

答えた人

――この方の質問を読んで、すぐに『ダム・キーパー』の「ピッグ」（主人公のブタくん）のことを思い出しました。彼は、迫りくる「暗闇」から街の人たちを守り続けていたわけですよね。毎日、たったひとりで、大きな風車をまわすことで。

堤　はい。

――それなのに、誰にも感謝されない……どころか、学校で酷いいじめを受けていました。ブタくんは、どうして、あの「仕事」を続けられたんだと思いますか。

堤　やっぱりぼくも、「はたらく」って、最終的には「お金」じゃないと思っているんです。

――それは、目指すところのものが。

堤　はい。お金というのは、その人の仕事に対する、ひとつの「評価」ですよね。多ければ多いほどうれしいいし、自分や自分の仕事の価値を感じることもできます。逆に、お金がなかったら、仕事そのものが立ち行かなくなりますよね。だから「とっても大事なもの」にはちがいないんですけど、でも「最大の目的」かと言ったら、ぼくは、ちがうと思う。

——そうですか。

堤　はい。そして、この方のおっしゃる「感謝」というものも、同じなんじゃないかと思います。つまり、お金と同様に人からたくさん感謝されたほうが、当然うれしい。でも、その向こう側にあるもののほうが、たぶん、大事。

——向こう側にあるもの。

堤　それは、自分の「存在理由」です。その仕事に「自分が存在する理由がある」と感じているかどうか。あの物語の「ピッグ」は、ずっと、誰からも感謝されませんでした。でも、毎日毎日、街を闇から守るために、大きな風車をまわし続けました。

——はい。

堤　ピッグは、あの「仕事」のなかに「自分自身の存在理由」があると、わかっていたんだと思います。そういう意味では、ピッグのほうも、あの「誰からも感謝されない仕事」を、必要としていたんだと思う。

――ああ……だから、続けられた。

堤　そう思います。

――亡きお父さんから譲り受けた、あの、報われない仕事を。

堤　もちろん、街の人からの「感謝」があれば、ピッグも、もっと救われていたと思います。でも、それがなくても彼は、あの仕事を続けることができた。

――そこに「自分自身の存在理由」を見出していたから。ああ、仕事って、そういうものかもしれないなあ。

堤　逆に、どんなに「感謝」されたとしても、何にも「存在理由」を見出せなかったら、続けることはできなかったんじゃないでしょうか。

――街が闇に呑まれてしまったあと、風車をまわしに戻ったんですものね。危険も顧みず、誰からも感謝されないのに。

堤　あの物語はフィクションですし、どこまで今の状況に引き比べていいかわかりませんが「自分が、この仕事をやる理由」が見えている人は「強い」と思います。それは、自分の行動に対する揺るぎないモチベーションになるからです。ピッグの場合は「今、自分が風車を止めたら、街が真っ黒に汚されてしまう」という気持ちです。

――現在の、新型コロナウィルス感染拡大の状況下では、医療従事者のみなさんをはじめ……。

堤　いやあ、本当に。

――保育園や学童の先生方、物流関係の人たち、保健所のみなさん。官公庁の職員の方も、家に帰れていないと聞きます。その人たちのことを思うと、「すごい」を超えて、何でしょう、「尊さ」みたいな感情が湧いてきます。

堤　スーパーヒーロー、ですよね。彼らが毎日がんばってくれているから「保たれている」部分の、いかに大きいことか。今、ぼくの住んでいるバークレーでも、基本的には「外出禁止」なんですね。

――ええ。感染者の数、ものすごいですものね。アメリカも。

堤　でも、食料は買わなきゃならないから、スーパーマーケットは開いています。今日もぼく、行ってきたんです。食べるものが、なくなりそうだったので。頻度としては、週に1回くらいなんですけど。

――ええ。

堤　家の外へ出るときは、大げさじゃなく「完全武装」みたいにして行きます。ウィルスに感染しないために、ウィルスを家の中に持ち込まないために。

――はい。

堤　でも、そんなふうにして行くスーパーには、スウェットにジーパン姿の人たちが、はたらいているんです。お給料だって、いいわけじゃないと思います。でも、毎日毎日、ぼくたちのために、はたらいてくれています。彼ら彼女らがいなかったら、ぼくたちは、食べるものを買うことができなくなってしまうんです。

——ええ。

堤　彼ら彼女らこそ、ほとんど「感謝」されない人たちだと思います。お店が混雑したり、商品が品切れしたりして、クレームを言われることはあるかもしれないけど。

——ああ……。

堤　それでも、今日も、文句も言わずに、はたらいてくれていました。家には、老齢のご両親や、ちいさいお子さんだっているかもしれないのに、ウィルス感染の危険に直面しながら。スーパーの店員と言えば地味な印象ですが、今その姿を見ていると、大げさじゃなく「最前線で闘ってくれている人たちだ」と思えます。

——そうですよね。

堤　これが「平時」だったら無愛想でやる気のない態度の店員さんも、おひとり、いらっしゃいました。見るからに、辛そうでした。だから、ぼくなんかが言っても何の足しにもならないけど「本当に、ありがとう」って声をかけました。これくらいしかできないなあと思いながら。

――でも、はげみになるんじゃないでしょうか。その一言でも。

堤　そうかもしれない。でも、彼は、ぼくがそんなことを言う前から、ずーっと、はたらいてくれていたんですよね。みんなが自分のことしか考えられない状況で、当然「感謝」なんかも、まったくしてもらえない状況で。

――そう……ですね。

堤　つまり彼は「誰からも感謝されなくても、自分の仕事をしていた」んです。

――うまく言えないですけど、今の話には「はたらく」とか「仕事」についての、とても大事な何かが含まれているような気がしました。

堤　新型コロナウィルスの感染拡大というのは、ぼくらひとりひとりでは、抱え込むことのできない事態ですよね。当然、その店員さんだって同じです。だから、彼に「感謝の気持ち」を伝えることは、もちろん重要なことなんですけれど。

堤　――ええ。

みんなから感謝されることは、もちろんはげみになると思います。でも、彼自身は、そんなことだけでは、やっていけないと思います。人からの「感謝」だけでは、あの場所には立てないと思う。

――つまり、その店員さんを支えているものこそ「自分自身の存在理由」なのかもしれませんね。堤さんが「ピッグ」に託して表現したところの。

堤　今の「トンコハウス」というアニメーションスタジオをいっしょに立ち上げたロバート（・コンドウ）と、よく話すんです。ぼくたちは「お金を稼ぐ」とか「すごい賞を獲る」とか「世間に認められる」みたいな、そういう「目に見えるゴール」を目指していたのでは、きっと続けられないよね……って。

——そうですか。

堤　お金や賞や他人からの評価は、当然、うれしいものです。でも、最終的には、それらを超えたところにある「価値」に気づけなかったら……。

——はい。

堤　ロバートと『ダム・キーパー』をつくったとき、ひとつのテーマが「アンサングヒーロー（unsung hero）」でした。これは「報われない英雄」という意味なんですが。

——まさに「ピッグ」のことであり、今のスーパーの店員さんのことですね。

堤　新型コロナウィルスの感染拡大を前に、誰かがやらなきゃならない仕事をやってらっしゃる方々は、みんなヒーローだと思います。彼ら彼女らは「結果」を求めて仕事をしていないですよね。お金が、名声が……という気持ちでは、あれほど困難な仕事はできないです。

——そういう人たちを前にして、自分ができることってあまりに限られていますすよね。だからせめて、なるべく「家から出ない」ことを、今は続けたいなあとは思いますが。

堤　よく言われるように、今回のことで、明らかに世界は変わるだろうと思います。もっと言えば「変わらなきゃならないだろう」とも思います。

――はい。堤さんの考える、コロナのあとの世界って……。

堤　やっぱり「世界」というのは、いつでも「自分からはじまる」と思うんです。だとすれば「コロナのあと、自分の何が変わるだろう」と考えたら、何かヒントがあるんじゃないでしょうか。

――なるほど。

堤　そういう意味で、ぼくは今、危機的な状況ではたらく人たちの姿を、ずっと見ています。だから、コロナのあとには、ぼく自身は、自分の仕事への向き合い方について、いろいろ考えるんだろうなと思います。

――堤さんのお話をすべて「そのとおりだなあ」と胸にしまった上で、ぼくは、今、はたらいている人たちへの「感謝」を続けたいなあと思いました。
そうですね、それは。本当に。

（２０２０年４月２日　世田谷区↑ＺＯＯＭ↓カリフォルニア州バークレー）

堤 大介（つつみ・だいすけ）
東京都出身。スクール・オブ・ビジュアル・アーツ卒業。Lucas Learning, Blue Sky Studioなどで『アイスエイジ』や『ロボッツ』などのコンセプトアートを担当。２００７年ピクサー入社。アートディレクターとして『トイ・ストーリー３』や『モンスターズ・ユニバーシティ』などを手がけている。２０１４年７月ピクサーを去り、トンコハウスを設立した。初監督作品短編『ダム・キーパー』は２０１５年のアカデミー賞短編アニメーション部門にノミネートされる。71人のアーティストが一冊のスケッチブックに絵を描いて、世界中に回したプロジェクト『スケッチトラベル』の発案者でもある。

はたらくことば――その2

あなたが、何を感じ、どう思ったか?そこにオリジナリティが芽生える。そここそが、デザインのみなもとです。だから、そこを、問いつづけることです。

永井一正(グラフィックデザイナー)

10/33

センスが必要な仕事なのに、センスがありません。センスは、どうしたら磨けますか？

●悩み

わたしには「センスがない」と自分で思うのですが、センスを磨くにはどうすればいいでしょうか。そもそも、センスとはなんでしょうか。センスが必要不可欠な仕事なので、悩んでいます。

（22歳・フォトグラファー）

●答え

センスなんてものは「ない」ですし、
「センスがない」くらいのほうが、
思いもよらないものをつくれるかも。

祖父江慎（ブックデザイナー）

答えた人

祖父江　お待たせして、すみませんでした。

――こちらこそ、お忙しいところ、お時間いただきまして。

祖父江　おならプ～。入ってないか。

――入ってます。

祖父江　入ってますか。

――はい。

祖父江　おならプ～。

――また（笑）。ありがとうございます。

祖父江　おならプ～から、はじめましょう。

――クリエイティブな職業における「センス」についてのお悩みです。永遠のテーマ的なものかも知れませんが……。

祖父江　センス。なるほどねえ。

――ようするに「センスの正体って何だ」ということかなと思うんですが。

祖父江　きっと「センスがある」という状態って、「ない」と思ったほうがいいんですよ。少なくとも、いいとか悪いとかで測れるようなものではないですし。

――「センスというものは、ない」。

祖父江　はい。ない。センスがないよーって悩んでるなら、まずは「言葉」を忘れたらどうですか。

――言葉を、忘れる？

祖父江　何かを考えるとき、つい「こうこうこうだから、こうだよね？」って、やっちゃいがちでしょ。

――はい、がちですね。既存の枠に収めちゃうみたいな意味ですよね。

祖父江　そう。何かものを見るときも「はいはい、これは本ですね」とか「ああ、いつものコップね」とか。

――ええ。

祖父江　そういうことを、なるべくしない。まず言葉を忘れちゃえばいいのかも。

——そうすると、どうなりますか。

祖父江　うん、言葉を忘れると、それまでの「慣れ」の思考パターンから逃れられます。ついつい「自分のなじみの場所」へは戻らないためにも、まずは「言葉」を忘れて、何にでもときめいちゃえばいいですよ。一般に「センス」と呼ばれてるようなものについては、そのあたりのことが大事だと思う。

——言葉にとらわれてしまうのが、よくない。

祖父江　それと、もうひとつ大事なのは「呑気になること」かな〜。

——ははあ、呑気。それはいいですねえ。

祖父江　ようするに、心配しすぎないことでしょ。心配って、その人を、論理的に追い込んでいくようなところがあるので。

——「こうこうこうだから、ダメなのである！」……と。

祖父江　そう。何でも根拠づけたり体系づけたりしないと、不安になっちゃう。で、不安になると「いつものなじみの場所」に戻ろうとしちゃう。

――なるほど。

祖父江　いつもと同じだから安心って思うのって、よくないですね。そうじゃなくて「知らないところに連れてって〜♡」のほうがいいんです。自信を持って、ときめくといいですよ。

――祖父江さんは「さらわれたい」と。

祖父江　うん、さらわれたい。そのためには、フットワークを軽くする。この身の安全をやたらに考えない。呑気になる。センスを磨く……みたいなことがあるとすれば、それはいろんな心配に「鈍感になること」かもしれないですね。

――言葉だとか、それまでの慣れ親しんだ場所などに、とらわれずに。

祖父江　でね、まわりの人が「すばらしい！」と称賛しているもののどこがステキなのかがぜんぜんピンとこなくて「自分にはセンスがないんだ！」って落ち込んでる人がいたとすれば、そっちの人のほうが、むしろ見込みがあると思うんですよ。

——どういう意味ですか。

祖父江　青のとなりには黄色が合いますとか、そういう勉強すればわかる「構造化されたセンスのよさ」に対して、身体ぜんぶでわかろうとしても「わからない！」っていう人のほうが、思いもよらない発見をするかもしれない。みんながいいと思ってしまってることについても、懐疑心から入れるから。

——はー、なるほど。

祖父江　そういう意味で「自分にはセンスがない」とまじめに思ってる人には、むしろ「可能性」がある。センスがない、まわりの人と感覚がちがうことを、不安に思う必要はないんです。「センスがいい」とされているものが「よくわからない」というそのすばらしい状態から自分だったら「じゃあ、どうしよう」って出発できるわけだから。

——みんなの「いいね！」の呪縛から自由だとも言えるわけですね。「センスのない人」というのは。

祖父江　と、思いますけどね。

――これは本筋から離れるかもしれないんですが、いま、真っ白いところに文字がポンと載ってるデザインの本って、すごく多いじゃないですか。

祖父江　ええ。

――そういう本がたくさんあるのを知っていて、なぜ、わざわざ同じようなデザインにするのか不思議なんです。素人としては。

祖父江　現代っていうのは、「安心」にお金を払う時代だからですよね。

――なるほど、あれは「中身については、安心ですよ」と言っていて、ぼくらは、その「安心感」を買っている。

祖父江　これは時代によって変わるんですけど、過去には「まだ見ぬものに対する期待」や「ワクワク感」に、お金を出していた時代もありました。今は、SNSの発達もあって、社会の不安がふくらみやすくなっているし、みんな未知のものにではなく、よく目にする「安心」に、お金を使ってくれるからかもしれません。

祖父江　――その点、祖父江さんの会社の、ものをつくるときの指針って、なんですか。

うちは、ま、だいたいにおいて「どっちもアリかな？」と思ったら「安全ではないほう」を選ぶようにしてます。危ないほう。

祖父江　――安全と危険って、どういう……いろんな意味があると思いますけど。

えらい人の会議に通りやすいとか、製造上の問題が起こらなそうだとか。

祖父江　――……を、選ばない。

うん、どっちでもアリだったら、そうじゃなくってワクワクするほうを選びます。で、「これ、危ないかも〜」ってほうを選ぶと、最終的にはだいたい「いいもの」になるんです。

祖父江　――それは、経験的なものですか。

趣味かもしれない。もともと「うまくいかないもの」に対してワクワクしちゃう性格だからかも。

——今のも「センス」に通じていそうな話ですね。

祖父江　やっぱり、世の中、完全に理解しきれることなんてないと思うんだけど、みーんな「わかった気持ち」になりたいんだよね。

——そこで競争している感じはありますよね。こっちのほうが安全ですよとか、実は、誰にもわからないことなのに。

祖父江　だから、「不安」なんか気にしないこと。おなじみの場所に、しがみつかないこと。そして自分に嘘つかないこと。です。

——はい。

祖父江　あと、物語とかストーリーというものを、盲目的にありがたがらないことも重要だと思います。

——物語を？

祖父江　映画でも、小説でも、テレビドラマでも……もっといえば「聖書」みたいなものでもいいんだけど、コタツでおならプ～していている場面とか削ぎ落としがちですよね。

――それは、そうでしょうね。はい（笑）。

祖父江　で、意味のある場面だけをつなげて、ひとつの流れに乗せていきますよね。それが物語というものだし、そうすることによって、記憶されやすくなったり、広く伝わっていったり、おもしろがられたりするわけですけど。

――すべての場面に、意味とつながりがあるような状態。

祖父江　でも、本当は、そういう「物語」のような構造を理想と考えて、むりやり人生を「編集」しようと焦る必要はないと思うんです。ブツブツ切れ切れで、首尾一貫性のない「今」こそ、ときめきの連続なんだから。

――意味やつながりがなくても、平気な顔をしていりゃあいいと。

祖父江　そう。「人生」なんてものも、もともと「ない」んですよ〜。

――「センス」が、もともと「ない」ように。

祖父江　そうそう。おなら、プ〜。

（2020年2月21日　中目黒にて）

祖父江慎（そぶえ・しん）

1959年、愛知県生まれ。グラフィックデザイナー。コズフィッシュ代表。多摩美術大学在学中に工作舎でアルバイトをはじめる。1990年コズフィッシュ設立。ブックデザインを幅広く手がけ、吉田戦車『伝染るんです。』やほぼ日ブックス『言いまつがい』、漱石『心』（刊行百年記念版）をはじめとする、それまでの常識を覆すブックデザインで、つねに注目を集め続けている。展覧会のアートディレクションやグッズも多く手がけている。

11/33

どうしたら「ポジティブ思考」になれますか。

●悩み――

手に職もなければ資格もない、高卒のわたし。シングルマザーとして娘を育てるためのお金が必要。現状、ギリギリの生活。自分の立場と月給を見るたび、もっと稼げるのではないか、もっとはたらきたい、でも子どもとの時間も失いたくないし……という思いがかけめぐるだけで、お金も余裕もなく現状を変えられない自分に情けなくなります。気持ちを上手に切り替えてやっていくしかないのだろうけど、やっぱり難しい。どうしたら「ポジティブ思考」にシフトできますか？

（31歳・事務）

●答え——

自分のイキイキできる「居場所」が、
助けてくれると思います。
あと、ポジティブって言葉には、
まあまあ「ウソ」が含まれています。

しいたけ.（占い師／作家）

答えた人

しいたけ. ぼくは、この質問を読んで「おもしろい」と思ったんです。

――おお、どうしてですか。

しいたけ. 状況的には、たいへんだと思うんです。シングルマザーで、子育てをしながらはたらいて、お金も必要で、子どもとの時間も必要で……。

――ええ。

しいたけ. こんなふうに切羽つまった状況だと、たいがい「わたしは、どうしたらいいでしょう?」って聞いてしまいがちなんです。でも、この人は「どうしたら、ポジティブ思考になれますか」って聞いてますよね。

――そうですね、はい。

しいたけ. ぼくは、そこに、人としての「知性」を感じます。学校の勉強とは関係ない、「生きていくための智慧」というか、そのようなものを。

――漠然と「解答」を欲しているわけじゃなく、状況を好転させるための「方法」を手に入れようとしている感じがしますね。

しいたけ. そう、ぼくは「運」とか「ツキ」についてずっと考えてきたんですが、ネガティブな状況からポッと抜け出せるのって、こういう人が多い気がしますね。

——へえ、そうなんですか。なるほど。

しいたけ. でね、ぼくは「はたらく」って「ありがとう」を集めることだと思うんです。

——おお。

しいたけ. というのも、どうしても自分に自信が持てなかったり、なんとかその場でがんばらなきゃならないというとき、唯一できることは「自分の運を開いていく」ことだと思うんですよ。こう言うと、ちょっと胡散くさくなっちゃうんですけど。

——いえいえ、そんなことないです。

しいたけ. ぼくの家も両親が離婚していて、シングルマザーで、子どもが3人いて……つまり、いわゆる「貧乏」でした。母は、いくつか仕事を掛け持ちしていたんですが、そのなかのひとつに、お弁当屋さんがあったんです。

——ええ。

しいたけ. ぼくは、その店のカレー弁当の味が、忘れられないんです。

——おいしかったんですか。

しいたけ. たぶん、他の人が食べたら、特別おいしいとは感じないと思います。でも、たった400円のそのカレー弁当の味を、ぼくは、忘れられない。それは、うちの母が、そのお店のことが大好きで、お店の人たちからも必要とされていたから。そのことが、子ども心にもわかったからだと思うんです。

——その思い出「込み」で、忘れられない。

しいたけ. その場のみんなが大好きで、自分も必要とされている。そういう「居場所」って、その人を、困難な状況から救ってくれると思うんです。だからこの人も、まずは「居心地のいい居場所」や「自分が必要とされる場所」を、つくれたらいいのにって思います。

——自分の居場所。それって、きっと「職場」じゃなくてもいいわけですよね。

しいたけ．そう思います。たとえば、公園へ行ったら公園を褒めてやる。「ここは、本当によけいなものがなくていいなあ」とか（笑）。つまり、こちらから好きになってあげたら、場所のほうも「心を開いてくれる」と思うんです。

――なるほど。

しいたけ．写真家の幡野広志さんの言葉が心に響くのは、相談者を「孤独」から抜け出させようとしているからだと思うんです。たったひとりで考え込んでしまうと、どうしても、悪い結果になってしまう。やっぱり「孤独」というものには、人は、最終的には「勝てない」と思うんです。

――ああ……。

しいたけ．でも、誰かから「ここでまた、あなたに会いたいです」と言ってもらえるだけで、困難な状況からも抜け出せるような気がします。人から「必要とされている」という感覚ほど、人の助けになるものはないと思うんです。

――なるほど。

しいたけ. 人はなぜ、はたらくのか……という問いは、ずっと昔から考えられてきたと思うんですが、ひとつには「誰かから必要とされるために」みんな、はたらいているんじゃないかなあ。

――その実感を得たいから。ああー……わかる気がします。

しいたけ. だって、どんな仕事でも、100パーセント評価されるわけじゃないじゃないですか。むしろ、仕事の「8割9割」は、誰からも直接的には感謝されないと思うんです。

――たしかに。

しいたけ. それでも、ふと「あなたの仕事、すごくよかった」とか「また一緒にやりましょうね」という言葉は、その言葉をかけてもらった人にとって、ものすごいエネルギーになるじゃないですか。

――ええ、ええ。

しいたけ. そういう瞬間があるから、今日の疲れが癒されて、明日もがんばれる。その連続が「はたらく」ということなのかなあと、この方の質問の文章を読んで、気づかされました。

——ひとつ、むりやり「ポジティブになる必要」って、あるんでしょうか。

しいたけ. ああ、なるほど。

——以前インタビューさせていただいたことのある人で、世間的にはすごく成功されているし、たくさんの人からあこがれられているのに、自己評価がものすごく低い、おどろくほど「ネガティブ思考」な方がいらっしゃいまして。

しいたけ. へえ……。

——その方を見ていると、むりやり「ポジティブになろう」としてない姿に惹かれるし、ご本人の心の状態としても、すごく自然なんだろうなあと思うんです。

しいたけ. たしかに、「ポジティブ」には、まあまあ「ウソ」が含まれてますからね。

——あっ、すごい。そうだ。

しいたけ. 世の中は「ポジティブな自分になれる技術」みたいなもので、あふれてるじゃないですか。たとえば「出社する前に鏡を見ながら、自分に100回好きだよって言う」とか。

――わー、そうなんですか。

しいたけ. まあ、今のは極端かもしれないけど、似たような「テクニック」は、たくさんありますよね。

――ポジティブになる技術。

しいたけ. でも、そうやって、むりに「ポジティブな自分」を演じている人のインスタとか、ちょっと「バレる」と思いませんか。

――ああ……そうかもしれない。

しいたけ. だから「ポジティブ」って「この人と話してみたいな」と思われにくい、そういう「バリア」になってしまったりもする。ある種の「武装」とでもいうのかなあ。

――たしかに「ポジティブのコロシアム」というような場が、ある気がしますね。

しいたけ．そこで、みんなが「ポジティブ」を競い合っているような。

でも、そこで必死に戦いながらも、心のなかでは「400円のカレー弁当」が好きだったりするんです。

――そのカレーは、インスタグラムには上がらないけど。

しいたけ．だからやっぱり「ポジティブ思考」って、社会のレースに負けないための武装、「自分にちょっとウソをついた虚飾」でもあるんだと思います。

――武装、虚飾。はぁー……。

しいたけ．その意味で、ポジティブという「言葉」に縛られすぎないほうがいいですよ。自分の居場所をつくって、そこにいる人たちに受け入れてもらえる、必要とされることって、本来ポジティブかどうかに関係ないですから。

（2020年3月12日　都内某所にて）

しいたけ. shiitake.

占い師・作家。早稲田大学大学院政治学研究科修了。哲学を研究するかたわら、占いを学問として勉強。2014年から『VOGUE GIRL』で連載開始。毎週月曜更新の「WEEKLY! しいたけ占い」で注目を集め、最近ではウェブサービスnoteにてコラムや占いなどを執筆中。「しいたけ.」という名前の由来は、唯一苦手な食べ物が「しいたけ」で、それを克服したかったから。近著に『しいたけ占い 12星座の蜜と毒』、『しいたけ.の部屋 ドアの外から幸せな予感を呼び込もう』(KADOKAWA)、『anan 特別編集 しいたけ.カラー心理学 2019春・夏編』(マガジンハウス)、『しいたけ.の12星座占い 過去から読むあなたの運勢』(KADOKAWA)などがある。

はたらくことば――その③

写真って「断片」だと思う。でも、その「断片」に「世界全体」が写りこんでいなかったら「残る写真」には、ならない。

上田義彦（写真家）

12/33

なぜ、死んでしまう前に仕事を辞めることができないのでしょうか。

●悩み

死んでしまうくらい仕事に追い込まれている人がいる。死ぬ前に仕事を辞めることも、休むこともできるのに。どうして、そのことに気づかないんでしょうか。気づけなくなっているのでしょうか。とにかく、仕事のことで死なないでほしいです。みんな同じ会社ではたらく仲間なのに、パワハラとか意地悪する人もいて、何でいい気持ちで仕事ができないのかなと思います。

（24歳・接客事務）

●答え

とにかく逃げろ、という言葉を押しつけると、
さらに自尊感情が損なわれてしまいます。
それよりも、誰かに
話を聞いてもらうこと、
おいしいケーキを食べること。

三浦瑠麗（国際政治学者）

答えた人

三浦　この方は、ご自分がそうだということを、ふせておっしゃっている可能性もあるのかなと思いました。

――ふせて……あっ、この人自身が、難しい状況に陥っているかもしれないと?

三浦　ええ。

――それは、思いもよらなかったです。

三浦　いや、なんとなく、そう思っただけです。でも、この質問者さんのようなことを言うのって、過去にそういう状況を乗り越えてきた人が多いんです。

――へえ……。

三浦　たとえば「仕事なんて、人生にとっては、代替可能なピースのひとつにすぎない」とか。

――つい、言ってしまいそうなセリフですが……。

三浦　そういう「強い」アドバイスは、乗り越えた経験があるからこそ言えること。今、この瞬間に「死んでしまいたくなるほど、追い込まれている人」にとっては、きっと何の役にも立たないと思います。

――そうなんですか。

三浦　もちろん、総論として「言い続けること」は必要です。「仕事なんて、人生より大事なものじゃない」ということは、誰かが言い続けるべきでしょう。でも、となりの人が具体的な何かに追い込まれているとき、そのような総論的なアドバイスについては、ほとんど役に立たないと言っていいと思います。

――そうなんだ……。

三浦　では、何が必要かというと、それは、誰かの勇ましい言葉なんかではなく、やっぱり「自分の話を、丸ごと受け止めてくれる人の存在」だと思います。その場に、いい紅茶と、おいしいケーキがあれば、なおよし。

――おお。

三浦　わたしがとんでもないパワハラを受けていたときは、車を運転している最中に動悸が激しくなってしまったりして。

――わあ、あぶない。

三浦　そんなときは、いったん道の端に車を停めて、電話で夫に話を聞いてもらっていました。

――そうすることで、気持ちが落ち着いてくる。

三浦　そう。追い詰められているときに、支えになってくれる人。理不尽だという訴えを、静かに聞いてくれる人。そういう人の存在が、どうしても必要です。逆に「死んじゃったら終わりじゃないか！」って、それは「あなたが変わりなさい」というアドバイスなんです。

――ああ……なるほど。

三浦　あなたは感じすぎる、もう少し鈍感になりなさい……って。本来は、その人を「死にたくさせている人」を変えなきゃならないのに、死にたくなっている人に「変われ」と言ってしまってる。

――それは、酷な話です。

三浦　そう、アンフェアなんですよ。実際、企業の内部では、セクハラやパワハラを訴える人のほうに「問題がある」とみなされてしまうことが、よくあるんです。

――組織というのは、往々にして、そうなりがちということですか。

三浦　ようするに、ナーバスブレイクダウンに陥っている人って、仕事の場面でもうまく「機能」していない。他方で、ハラスメントしている側は、社員としては機能していたりするので。

――なるほど。

三浦　もし、わたしがそういう相談を持ちかけられたとしたら、まず、その人の環境や生活に対して、具体的な提案をすると思います。つまり、仕事以外のものごとに目が向かなくなって、ぎゅーっと凝り固まっている状況を、やわらかく、ほぐしてあげると言いますか。

――それこそ、いい紅茶や、おいしいケーキのちからも借りて。

三浦　実際、糖分を摂ることって、精神的にも大切なんです。これはきちんと専門家の言葉で説明できることなんですが、気持ちが「落ち着く」んですよね。

――たしかに……甘いもので「ホッとする」ってことは、ありますね。

三浦　だから、すぐに「お医者さんへ行って、薬をもらってきなよ」じゃなく、まずは「わたしと、カフェでおいしいケーキを食べよう！」がいいと思います。ケーキなら副作用もないし、食べ過ぎたって、ちょっと太るくらいで済むでしょう。

――そうですね（笑）。

三浦　よく晴れた日に、おさんぽに出たりすることも大事。そういう「ふつうの日常」に帰ることが、決定的に重要だと思います。わたしも、鬱っぽくなってきたなと思ったら、お水をごくごく飲んで、おひさまの陽を浴びるようにしてますし。

――ああ、生命をよろこばせるような。

三浦　そうですね、一個の生命体として。

——ちなみにですが、「辞めればいいじゃん」とか「逃げればいいじゃないか」って言葉に対しては、やっぱり、それすらできなくなっていると思ったほうがいいんでしょうか。

三浦　明らかに、今すぐ、その場から隔離したほうがいい場合もあるとは思います。でも、やはり、追いつめられた人というのは、「自尊感情」が損なわれているんです。

——自尊感情。

三浦　とするならば、ギリギリ残っている自尊感情を潰してしまうような選択を勧めるのは、辞めたほうがいいと思います。職場から離れるにしても、戻るにしても、本人が、その決断をすること。そのことが、とても大事です。

——まわりからのおせっかいとか、押しつけじゃなく。

三浦　まわりの人間にできることは、その人の自尊感情が傷つけられた理由を、理解してあげること。仮に「仕事ができない」という理由で自尊感情が傷ついているのであれば、多少そこに目をつぶってでも、傷ついた自尊感情を癒やしてあげて、互いの信頼感を高めていくことだと思います。仕事への忠告やアドバイスがあるのなら、どうぞ、そのあとに。

――周囲の人たちを信用できるようになったら、心も安定して、結果として、自分や自分の仕事に対しても、少しずつ自信を持てるようになりそうです。

三浦　逆に、どんなに強靭な精神を持った人でも、自尊感情が完全に傷ついてしまえば、驚くほど簡単に「折れて」しまうと思います。

――そういえば、三浦さんって農学部だったんですよね。

三浦　はい。

――さっきの「糖分を摂ることの重要性」だとか「生命体としての欲求を満たして、ふつうの暮らしをする」って、ちょっと意外な答えだったんですけど……。

三浦　まあ、いつも9センチのピンヒールを履いて、戦闘服みたいな洋服を着て、正義感を振りかざしているように見えるからですか？（笑）。

――いや（笑）、でも、その「意外な答え」には、農家の人に感じる「思考の器の大きさ」みたいなものを感じました。

三浦　農学部と言っても「農業土木」なので、農業をしていたわけではないんですが、ちいさいころは田舎の家で土に親しんでいましたし……球根って、癒やされるじゃないですか。

――球根？

三浦　そう。

――スイセンとか、ヒヤシンスとかの。

三浦　ええ。

――癒やされるんですか。

三浦　はい。球根って、かなり地中深くに植えるんですよね。そのためには、まず、地面を深く掘らなければならないんです。

――ええ。

三浦　その深く掘った穴の底に球根を埋めて、こんどは、両手のひらで土を寄せて、かぶせていく。そのときの手の感覚、土の感触。

――はい。

三浦　そして、眠り続けていた球根が、ある日突然、その眠りから覚める。その、他ならぬわたしが植えたから、こうして芽を吹いたんだというよろこび。

――ああ……。

三浦　そういう長いプロセスを楽しむことは、心身にとって、すごく癒やしの効果があると思います。たしか、地中のバクテリアのなかには、メンタルヘルスやストレスに対して、好ましい作用を及ぼすものも、あるそうですね。

――そうなんですか！　たしかに、郡山の知人の畑に寝かせてもらったことがあるんですが、ふっかふかで、なんだか、すごい安心感に包まれた記憶があります。

三浦　ぬか床もいいみたい。

――あー、めっちゃ大事にしてますもんね、みんな。「うちの子!」みたいないきおいで「うちのぬか床!」って。

三浦　ですから、ほうっておいたらダメなもの、自分がお世話しなきゃダメなものに、身近にいてもらうのも、いいかもしれませんね。植物でも、ちっちゃな生き物でも。

――ぬか床でも。

三浦　はい（笑）。

（2020年3月4日　永田町にて）

三浦瑠麗（みうら・るり）

国際政治学者、株式会社山猫総合研究所代表。1980年茅ケ崎市に生まれる。湘南高校卒業、東京大学農学部卒。東京大学大学院法学政治学研究科修了、博士（法学）。戦争と平和の問題を取り上げた代表作に、『シビリアンの戦争』『21世紀の戦争と平和』がある。政治外交評論をまとめた『日本に絶望している人のための政治入門』『あなたに伝えたい政治の話』のほか、自伝的な随筆『孤独の意味も、女であることの味わいも』、『私の考え』など著作多数。フジテレビ「とくダネ！」テレビ朝日「朝まで生テレビ！」などに定期的に出演し、メディアでの積極的な発信に対して2017年にフジサンケイグループ正論新風賞を受賞した。共同通信「報道と読者」委員、読売新聞読書委員、内閣総理大臣主宰「安全保障と防衛力に関する懇談会」委員、フジテレビ番組審議委員、創発プラットフォーム客員主幹研究員などを歴任。一児の母。

はたらくことば――その④

一機のロケットを飛ばすのに、直接300社以上もの会社が関わって、そこからさらに関連会社に広がっていく。ロケットというのは、それらすべての人たちといっしょに飛んでいくんです。ほんの小指の先くらいの部品をつくってくださっている人もいます。つまり……そういうものの集合体が、「ロケット」なんです。

二村幸基（三菱重工業株式会社）

60歳です。保育士の資格を取るには遅いですか？

13／33

●悩み

60歳を目前に、転職することになりました。わけあって書道教室をたたみ、悶々とした3ヶ月を経たあと、ご縁のあった保育園で保育補助をすることになったのです。資格はいらないとのことだったのですが、日に日に感じるのは「資格の重み」。同僚の先生方は「資格なんて……」と謙遜しておっしゃいますが、学んできたものや身につけたものは何ものにも代えがたいと実感しています。そういえば書道教室でも、年配の生徒さんが「身につけたものは、誰にも奪われない宝物」とおっしゃっていました。今から保育士の資格を取ろうか？　いやいや本分の書道に戻ろうか……還暦を迎えて、悩めるばあちゃんです。

（60歳・保育補助）

●答え

ぜんぜん遅くはないとは思いますけど、
資格ってそこまで重要でしょうか。
それより、いつか書の道へ戻ってほしい。

笹尾光彦（画家）

答えた人

笹尾　わたしも、この方と同じような年齢で仕事を変えました。この11月で80歳になるので、転職してから20年以上もの時間が経ったことになります。

――はい。

笹尾　そういうわたしが、この方に何か言えるとすれば考えたら……やっぱり、この方の「今」というより「この先の20年」を一緒に考えたいんです。

――おお、「今」ではなく「先」を。

笹尾　そう、そのことを前提として、まずは現在の問題。つまり「保育士の資格を取るのには遅いですか？」という質問については、当然「遅くなんかない」ですよね。調べたところ、幸いなことに、保育士の受験資格に「年齢制限」はないようでした。だから、もし本当に資格を取りたいなら、すぐに実行すればいいと思うんです。

――はい。

笹尾　つまり、質問に対する答えとしては、そこで終わっちゃうんだけど、少し気になったことがあるんです。それは「保育士の資格を取る」ということが、本当にご自身のお気持ちなのかどうか、ということ。

――ああ、質問の前段階として。

笹尾　仮に同僚の有資格の保育士さんと自分を比べてとか、そういう思いからの悩みなんだとしたら、無理をしなくてもいいんじゃないかな。

――どうしてですか。

笹尾　迂闊なことは言えませんが、子どもたちと相対する場面において、資格があるかどうかって、そこまで決定的なことだとは思えないんです。この目の前の先生が「保育士」なのか「保育補助」なのか、子どもたちにとって、それほど重要なことだろうか。もちろん資格は大切だけれど、それよりも、子どもたちから、どんなふうに見つめられる人なのかのほうが、ぼくは、大事だと思う。

――そうかもしれないです。資格のありなしで、専門的な知識の有無や、仕事の幅はちがってくるでしょうが。「人対人」の場面では、たしかに。

笹尾　この方の文章を読むと「ご縁のあった保育園で」とあるんです。つまり、保育士の資格は持っていないけれども「助けてくれないか」とお願いされるんだから、きっと人柄も含めて、いい方なんだと思うんですよね。

――ええ。

笹尾　そういう意味で、この方にとっては、保育士の資格って、あってもなくてもどっちでもいいと思います。でもね。

――はい。

笹尾　しかし、なんです。

――しかし。

笹尾　この方と同じような年齢で職を変えたわたしには、「その後」のことが気にかかる。だって、過去の自分が「通ってきた道」だから。

――その後、というと……。

笹尾　つまりね、資格を取るにしろ取らないにしろ、子どもさん相手の仕事なわけですから、体力だって要るだろうし、先々10年くらいしか続けられないんじゃないかと思うんです。

――保育園の先生というのは、本当にハードなお仕事ですものね……。

笹尾　そこで、わたしは、この方の「その先のこと」を考えたんです。

――なるほど。

笹尾　質問のいちばん最後にね、オマケみたいにして書いてあることなんだけど、「本分の書道に戻ろうか」ってあるでしょう。

――ああー……書いてありました。チョロっと。

笹尾　そう、そのチョロっと書いてあった一文にこそ、この方の本当の気持ちが潜んでいるんじゃないかと。で、その気持ちにストレートに答えるなら、本分である書の道に、いつか絶対に戻ったほうがいいと思うんです。

――はー……。その答えは、想定していませんでした。保育士でも保育補助でもなく、「書の道に戻る」。

笹尾　いやあ、それはね、わたしも勤め人から画家になって二十数年が経つんだけど、「本分」と呼べる仕事があるというのは、すごいことなんです。そこまで言える何かに、人生で出合っているということは。

――そうですね、本当に。

笹尾　わたしも、自分が本当にやりたいこと、自分の「本分」は何だろうって40代の後半から絶えず考えていました。そして、ようやく50代の後半で、この先の人生は画家を「本分」として生きようと決めたわけですが、職を変えて本当によかったと思うんです。いまも毎日制作していて楽しいし、これをやって生きているんだという実感も得られる。

――絵を描くということを通じて。

笹尾　だから、この方も「本分が書道」だと言うのなら、そこへ戻ることが、やはり人生の幸福につながっていくと思います。「わけあって書道教室をたたみ」

とあるから、続けるにあたっては何らかの障害があったのでしょう。でも、たたんだあとに「3ヶ月も悶々と」されている。ということは、きっと、書の道から離れたことを、どこかで後悔してらっしゃると思うんです。やり残したことが、あるんだろうと思うんです。

――たしかに……。

笹尾　もちろん「生計のために」という理由であれば、また別の話になりますから、今回は、この方の「気持ち」の問題に絞ってお答えしようと思うんだけど。

――いや、でも、そうだと思います。言われてみれば、実は「書への気持ち」にあふれた悩みであるようにも思えてきました。

笹尾　だからね、これは、わたしの勝手な提案なんだけれど。

――ええ。

笹尾　ご縁あって、せっかく保育補助の仕事をされているわけだから、週末に子ども向けの書道教室を開いてみるとか、そういうところから再開してみてはどうでしょう。

――保育園のお仕事から書道教室へフィードバックされることも、ありそうですよね。

笹尾　そう。

――保育園のお仕事と書道教室が、もしかしたら、ご自身の中では結びついていないかもしれないけど「子どもの書道教室」をやろうと思ったら、今、すごくいい経験をしていることになりますね。

笹尾　だから、そういうかたちで何年か続けて、保育についても十分に経験できたと思ったら、ぜひ、書道の道に戻られたほうがいいと思う。というか、ぜひ、戻ってほしい。

――保育園でのご経験を活かした、書道教室。

笹尾　うん。

――笹尾さんとお仕事をしていてすごいなあと思うのは、前職の「アートディレクターの笹尾光彦さん」が「画家の笹尾光彦さん」のなかに、今も、しっかりいらっしゃるということなんです。

笹尾　それは残ってますよ、やっぱりね。何十年も続けてきた仕事ですから。身体に染みついているというかな。

――絵画という純粋な芸術作品を生み出す笹尾さんと、その作品をもとに商品を生み出す笹尾さんが、場面によって、入れ替わり立ち替わり……。

笹尾　でもそれは、特別なことじゃないです。何をしてきたのであれ、誰しも、その職業を生きているわけですから。

――はい。

笹尾　なかなかね、「これが本分」って自分でね、わかんないし、言えないですよ。だからこそ、胸を張ってとかじゃなくても、自然に「本分だなあ」って思える仕事があるんなら、それはもう一も二もなく、そこへ戻るのが「あなた」なんじゃないかなあ。

（2020年2月25日　府中にて）

笹尾光彦（ささお・みつひこ）
静岡市生まれ。多摩美術大学卒。日本画家の父の影響で、幼い頃より絵に興味を持つ。大手印刷所デザイナー、外資系広告代理店クリエイティブディレクター、その後制作担当副社長を務め、広告業界で活躍する。その間ヨーロッパ、特にパリへ何度も足を運ぶ。仕事のかたわら絵を描き始め、本格的に画家になる決心をする。56歳で、画家へ転身。以来、渋谷のBunkamura Galleryにて、毎年、個展を開催。

はたらくことば――その5

誰にも邪魔されずに自分自身の世界を築いて、結果を出して、世の中で正当に評価されているんです。これまで「障がい」があるからって、辛く悲しい思いをしてきた人たちが。ざまあみやがれと思いますね。

山下完和（やまなみ工房施設長）

14/33

会社員の「複業」が話題です。自分もいろんなことに挑戦してみたいのですが、会社という組織の一員で、自由なことをするには、どうしたらいいですか。

●悩み

会社員の「複業」が奨励されていると聞きました。たしかに、これからの時代、リスクヘッジという意味でも、ひとつの仕事にとらわれないはたらき方がいいのだろうと思います。でも、今いる会社が、けっこう古い体質なので、上司やえらい人に目をつけられないか心配です。会社員の立場で、いろんなことに挑戦するには、どういったコツがあると思いますか。

（27歳・食品メーカー）

●答え

同調圧力を感じない身体を手に入れる。
それが無理なら、
「本当にやりたいこと」をやる。
あいつ本気なんだなと思われることが、
重要だと思います。

吉田尚記（ニッポン放送アナウンサー）

答えた人

――吉田さんは、主に「アナウンサー」だと思うんですが。

吉田　そうですよ。

――他に、さまざまなことに関わってらっしゃいますよね。

吉田　複業の嵐です。言われてみれば。

――たとえばどんなことですか、具体的に挙げると。

吉田　えーっと、まず多いのはアニメ関係。昔からアニメが好きで、アニメのイベントの司会を年間に100本くらいやらせてもらってます。あとはアニソンのDJをやったり、コミケでCDをつくったり。落語も好きだったんで、アニメと落語を組み合わせたイベントを、お笑い芸人のサンキュータツオさんとやったりしてます。

――慶應義塾大学の落研出身なんですよね。あの全身ピンクのポップデュオ、レ・ロマネスクTOBIさんの後輩にあたると聞いています。

吉田　そう、そうなんです。サンキュータツオさんは、早稲田の落研出身。学生時代からの知り合いでした。で、今年、そのイベントがニッポン放送の65周年記念事業に選ばれまして。紀伊國屋ホールを一週間押さえたから、やってこいと。

――すごい。

吉田　あと、長く続いているのは「マンガ大賞」です。

――はい、吉田さんが発起人なんですよね。今年の大賞受賞作『ブルーピリオド』を今、読んでいます。意外なところでは、アドラー心理学についての本を出されてもいます。

吉田　アドラー心理学って、本来「子育ての心理学」なんです……という話を出版社の人にしたら「それ、いいですね！」となりまして。早稲田大学の向後千春先生と一緒に、お母さんの悩みに答える本をつくったんです。

――吉田さんは「ニッポン放送」という大きな組織に属していますが、何でしょう、やりにくさを感じたこととかって、ないんですか。そんなにたくさん、いろんなことやって。えらい人に、にらまれたりですとか。そもそもなんですけど、ぼく、いわゆる「同調圧力」みたいなものを感じないタイプで。

吉田　――「感じない」んですね（笑）。「気にしない」とかじゃなく。

吉田　感じないんです。風速50メートルの風に向かって歩くのって、きっと大変じゃないっスか。

吉田　――そうでしょうね。大型で非常に強い台風並みの風速ですから。50メートルと言ったら。

吉田　でも、同調圧力の「風速」ってゼロですよね。

吉田　――まあ、実際の風が吹くわけじゃないのでね。

吉田　つまり、感じませんよね。

吉田　――うん。

吉田　だったら、そもそも気にならなくない？

――そういう結論（笑）。

吉田　つまり、同調圧力を感じない身体を手に入れる。ま、そうは言ってもむずかしいかもしれないんで、別のことで言いますとね。

――ぜひ、お願いします。

吉田　ぼくが担当している『ミューコミプラス』って、たぶん日本で最初にツイッターの公式アカウントをつくった番組なんですよ。

――あ、そうなんですか。日本で最初に、というくらい早い段階で。

吉田　生放送中に「今からアカウントをつくりまーす」って、スタジオで。

――つまり「稟議を回して、えらい人の承認を」みたいなことじゃなく。

吉田　じゃなく。というのも、過去に2回ネットを絡めた番組をやろうと思って企画書を出したら、2回とも「ダメ」って言われちゃったんです。それぞれ「ブログ」と「ミクシィ」だったんで、両方ともけっこう昔なんですけど。でね、ダメな理由は、大雑把に言うと「何を書かれるかわからないから」だって。

――じゃあ、そのときの「反省」があって、番組中に。

吉田　そう。ひとまず「会社の規約」を読んでみたんです。

――ええと、それは、御社のルールブックみたいなもの？

吉田　そこに「ツイッターは禁止」とは書いてなかったんです。どこにも。

――そりゃそうでしょう。だって、ツイッター出はじめのころの話ですものね。

吉田　だったら「ダメってことないんだな」と解釈しまして、はじめたんです。

――つまり「勝手に」ですね（笑）。

吉田　そう、勝手に。番組の公式ツイッターなんて今じゃふつうですけど、当時はめずらしかったんで大勢の人が集まってきました。それで「既成事実」として認められていったんですが、いつの間にか、うちの営業のリリースにも載るようになりました。『ミューコミプラス』には、こんなに多くのフォロワーがいて、ツイッター上でこんなことをやっていて……と。

――知らないうちに「公認」されていたと。

吉田　だから、この人も「会社の規約」を読んでみたらいいと思う。そこで禁止されていないことなら、やっちゃっていいんじゃないっスかね。

――吉田さんは「企画をいっぱい出しなさい」と言われているんですか。

吉田　ぜんぜん言われていません。他のアナウンサー、誰も書いてないです。企画書なんて。

――そもそも、そこを勝手にやってるんですね（笑）。

吉田　まあ、そうです。そんなことばかりしていたら、所属が「アナウンサールーム」じゃなくなってしまいました。

――アナウンサーなのに「ビジネス開発局」ですものね。

吉田　はい、「ビジネス開発局ネクストビジネス部」です。

――いろいろ勝手に手を出してきた結果「次のビジネスを開発する人としてがんばれ」と。

吉田　まあ、そういうことになってます。

――吉田さんの名刺を見ると「ビジネス開発局ネクストビジネス部」の次に「吉田ルーム」と書いてあって、以前から「これは、何かな？」と思っていたんです。

吉田　ぼく、アニメのイベント司会でも何でも、ギャラは会社に入れてるんですけど、あるときに「吉田、アナウンサールームは収入セクションではない」と言われたんです。

――つまり「お金を稼ぐ部署ではない」と。

吉田　なので「知ってますけど、いただいたものがあるので、それを会社に入れてるんです」とお返事したら「じゃあ、今日からお前はアナウンサールームの人間ではない」となりまして。

――それで「吉田ルーム」なる部署がつくられた。ネクストビジネスで稼ぐ吉田さんという人の「ルーム」が。

吉田　はい。

――吉田さんの好き勝手な動きが、新しい部署をつくってしまったということですね。

吉田　結果的に、そうなってしまいました。

――お聞きしていると、まず好きなことを勝手にやりだして、それが事後的に承認されるというパターンが多そうです。

吉田　そうですね。ひとつ、ぼくら下の人間の勝手な動きに「期待」してるのって、ほとんど「会社の上のほうの人」なんですよ。えらい人であればあるほど「もっとやれ、もっとやれ」って言う。

――あっ、そうなんですか。

吉田　はい。30代、40代が無茶苦茶やるのを、70代の人は、おもしろがってくれます。中間管理職のみなさんには、立場や責任があるので「そうは言っても」という気持ちが、まだ、あるのかもしれないけど。

――じゃあ、遠慮しちゃダメってことですね。若い人は。

吉田　そうだと思いますよ、経験上。上の人は、待ってます。下の人間のおかしな動きを。

――勇気の出る話だなあ。でも、吉田さんって、いろんな「複業」を勝手にはじめて、成功させて、会社に収入をもたらしているわけじゃないですか。

吉田　まあ。

――つまり、これまでの「実績」があるから、いろいろやりやすい……みたいなことって、あると思いますか。

吉田　その「実績主義」は、よくない考えだと思います。つまり「実績のある人」しか好き勝手できないとなったら、若い人は何もできないです。

――たしかに。

吉田　ぼくの場合は「実績のある人」じゃなく「言うことを聞かない人」なんです、たぶん。で、そういう人が、好き勝手やって笑ってるだけ。実績じゃなく、何と言うか……雰囲気？

――雰囲気。

吉田　あいつ、本当にやりたいんだな……みたいな。

――あ、その気持ちが伝われば、大丈夫だと。

吉田　そう思います。まわりを見ても、そういう人が、やりたいようにやってますし。それだけじゃないかなあ。あるいは「こっち、楽しいっスよ！」って、仲間を増やしちゃう人とかね。

――つまり「戦略」とかじゃないってことですか。忖度とか、根回しとか、コツとか、わからないですけど。

吉田　まあ、好き勝手やったときに「怒る人がいる」ということは、知っておいたほうがいいかも。

――あ、なるほど（笑）。そりゃ、いますよね。そうやって怒る人に対しては、どうされてきたんですか。

吉田　「すいません。やりますけど、悪気はないんです」って言う。

――ははは。「悪気のないことを伝える」のか！

吉田　そうです。せいいっぱい。

――思ったんですけど、吉田さんの場合「昔から好きだったもの」を、ひとつひとつ、仕事にしてきたという面がありますよね。

吉田　あ、それはそうかも。アニメも、マンガも、落語も、アドラー心理学も。

――吉田さんは「複業を奨励」されたわけじゃないけど「もともと好きだったもの」を好きであり続けたら、いつしか「複業」になっていったというような。

吉田　ぼく、サンキュータツオさんによく言われるんです。吉田さんは、アナウンサーを「振り」にして生きているよね……って。

――なるほど（笑）。

吉田　つまり「アナウンサーなのに、アニソン」「アナウンサーなのに、落語」。言われてみれば、たしかにそうだなと。そんなふうに仕事をしてきたんだなあと思います。

（2020年3月30日　有楽町にて）

吉田尚記（よしだ・ひさのり）

1975年12月12日東京生まれ。ニッポン放送アナウンサー。2012年、『ミューコミプラス』のパーソナリティとして、第49回ギャラクシー賞DJパーソナリティ賞受賞。「マンガ大賞」発起人。著書『なぜ、この人と話をすると楽になるのか』（太田出版）が累計13・5万部（電子書籍を含む）を超えるベストセラーに。マンガ、アニメ、アイドル、落語など多彩なジャンルに精通しており、年間数十本のアニメイベントの司会を担当。近年は、ほぼ世界唯一のバーチャルMC『一翔剣』の「上司」としてワンオペ活動中。

コピー

いろいろ研究所
あなたのコピーを作って欲しいじゃと？
はい!!
カシャ
カシャ
私のコピーがコピーとってるけど
ちゃんととれてるか気になって仕方がないわ!!

UFO

なんてことだ!!
いいんですか牛が吸いこまれてますよ!!
運んでもらってるんですよ!!
ビジネスなんです!!
宇宙人も働いているのか
グレイさんです!!

15/33

利益を出すことが、そんなに大事なのでしょうか?

●悩み

会社でも、個人でも、利益を出すことって、そんなに大事なことなのでしょうか?もちろん赤字ではやっていけないと思いますが、がむしゃらに「利益」だけにこだわる必要もないのではないかと思ってしまいます。

(49歳・経理)

●答え

利益よりも大事なものがあります。
「アイディア」です。
そっちを生み出すほうが大事です。

孫 泰蔵（連続起業家／Mistletoe 創業者）

答えた人

孫　わたしも、そんなに大事ではないと思ってます。

——おお、そうですか。

孫　だって、利益って「結果」じゃないですか。

——ええ。

孫　具体的に言えば「売上」から「費用」を引いたものが「利益」ですよね。その「利益」をふくらませるためには、ふたつの方法があります。まずは「売上を上げる」ですね。これは簡単じゃないんだけど、わかりやすいんです。たくさん売れれば「利益は上がる」んだから。

——はい、たしかに。

孫　そして、もうひとつの方法が「費用を下げる」です。これは、材料の原価を抑えたり、従業員の人件費を抑えたりして「製品を安くつくる」こと。そうやって利益の部分を厚くするわけですが、そこを至上命題にしてしまうと、過剰に値引き交渉をしたり、スタッフのお給料を下げたりしてしまうんです。

──そうですね。

孫　そうやって、いろんな人に泣いてもらって利益を出しても、果たして「そんな仕事で、うれしいか?」と思うんですよ。

──うれしくなさそうです、あんまり。

孫　利益至上主義的なことを正当化する人の論理は、こうです。利益が出れば出るほど再投資に回せる資金が増えるので、より多くの人に安価な商品を届けることができる。結果として、自分たちの企業をサステナブルな成長軌道に乗せることができる……と。

──つまり「会社を長続きさせるために、利益が必要だ」と。

孫　はい。でも、そのために、従業員の給料を抑えたり、取引先からの仕入原価を叩いたりして「利益」を増やしたところで、わたしは「本末転倒」だと思うんです。

──サステナブルな企業には、ならないぞと。

孫　そう思います。誰かの犠牲の上に成り立つような会社は、続かないと思います。

――一方で、株式市場では、利益が減少したら、てきめんに「株価」が下がりますよね。そうすると、株主総会みたいな場所で、株主のみなさんに怒られたりすると思うんです。

孫　はい。

――そのあたりは、どう考えたらいいんでしょう。

孫　株主が不満を感じる理由は「株価が上がらないから」ですよね。従業員にしてみれば「給料が上がらない」と不満だし、お客さんは「価格」が上がったら、不満です。そして、取引先の人は仕入れ値を叩かれたら、これまた不満。

――はい。

孫　みなさん、それぞれの立場があり、それぞれの不満がある。その「あちらを立てればこちらが立たず」の状況のなかで、どうにか「バランスを取ろう」

とするわけですけど。

——ええ。

孫　それだと、根本的な解決になりません。利害関係のある人たちの間でバランスを取ろうとしても「誰かがちょっとずつよろこんでいない」「みんな少しずつうれしくない」状況は、変わらないので。

——では、どうすればいいんでしょうか。

孫　まったく新しい「アイディア」をうみだすこと、ですね。

——アイディア。

孫　そうです。アイディアです。まったく新しい「アイディア」をうみだすことができれば、株主も、お客さんも、従業員も、取引先も、誰ひとり傷つけることなく全体をハッピーにすることができるんです。

——アイディアのちからで。

孫　そう、アイディアこそが重要なんです。利益じゃなくて。

——これまで孫さんがごらんになってきた企業の中で、今のお話の典型例があったら教えていただけますか。

孫　ぼくらが応援している「スタートアップ」って、いわゆる「ディープテック」と言われる企業なんですね。最先端のサイエンスやテクノロジーを用いて、新しい何かをうみだしている人たちのことなんですけど。

——ええ。ディープテック。最近、よく聞きます。

孫　これまで世の中に存在していなかった、従来の常識からみれば「魔法」みたいな仕事をしている起業家を応援しているんです。そのなかのひとつに、合成生物学の分野で起業した女性がいます。25歳で、若いんですけど。

——合成生物学。

孫　最先端の科学で、英語では「synthetic biology」です。彼女が何をやっているかというと「プラスチックのゴミ」から「フォトポリマー」をつくっているんです。

——プラスチックのゴミから。……フォトポリマー？

孫　はい。たとえばプラスチックのゴミ袋って、製造コストが安すぎてリサイクルされていないんですよ、ほとんど。

——そうなんですか。

孫　石油原料から非常に安くつくっているので、リサイクルするのに100倍くらいのお金がかかってしまう。そこで「燃やそう」としても、二酸化炭素は排出するわ、燃料代もかかるわで、あんまりいいことがない。そこで、どうしているかといえば、ただ「埋め立ててる」だけなんです。

——地面の中に。リサイクルも、焼却もせずに。

孫　ええ。でも、プラスチックは土のなかで分解されませんよね。一説には、何百年もそのままだろうと言われています。つまり「ただ、見えなくしているだけ」なんですよ、人間の目から。

——都合のわるいものに、フタをするかのように。

孫　まさに。でも、その若き研究者は、最新の合成生物学の技術を用いて「プラスチックのゴミ」を「フォトポリマー」に変えることに成功したんです。

——フォトポリマー、というのは？

孫　紫外線を当てると固まる化合物です。常温ではドロドロしてるんですが、そこへ紫外線を当ててやると「固化」する性質を持っています。

——紫外線で。

孫　通常、プラスチックを溶かすためには、相当の熱を加えなければならないですよね。でも「温度を高くすることはできないけど、固めたい」というニーズって、実は、けっこうあるんです。たとえば「歯のセメント」だとか。

——あっ！

孫　歯医者さんに行くと、詰めたところに、光を当ててたりしません？

——はい、当ててます当ててます。

孫　あれ、紫外線でフォトポリマーを固めてるんですよ。

――はああ、そうだったんですか。何をやってるんだろうと前々から疑問だったんです。あれは、固めていたんですか、フォトポリマーを。へええ。

孫　半導体の回路を固定させるのにも、使われていますよ。半導体の回路って、熱を加えると焼き切れてしまうので。

――そこで、熱の必要ないフォトポリマーを用いていると。

孫　ええ。でも、そのフォトポリマーという物質は、ふつうにつくるとめちゃくちゃ高価なんです。ものすごい値段で、取り引きされていたりして。

――それを、プラスチックのゴミからつくろうとしている？

孫　そう。

――すごい。

孫　人工知能を駆使して、物質の化学組成を研究し続けた結果、ある処理を施したプラスチックからフォトポリマーをうみだせることがわかった。超最先端の化学を用いて、ただのゴミから高価な素材をつくりだすことができたんです。

——環境の問題と価格の問題を、同時に解決してる。

孫　すばらしいアイディアのなせるわざですよね。誰ひとり犠牲にせず、大きな利益を上げることができます。利益が上がれば株主や従業員もよろこぶし、ゴミだから取引先から買い叩く必要もない。そしてフォトポリマーが安く手に入るなら、ぼくらもうれしい。

——アイディアひとつで、みんながハッピーに。

孫　経済学の用語で、ひとつのパイを奪い合う状況を「トレードオフ」と言うんですね。自分たちが「6」を取ったら、相手は「4」しか取れないという、そういう状況のことを。

——ええ。

孫　そうじゃなく、全体の総和を「10」から「20」に増やしてしまえば、みんなの取り分が増えますよね。そうやって、パイそのものを大きくしてしまおうという思考を「プラスサム」と言うんです。ぼくらが応援しているのは「プラスサム的な発想の企業」ばかりなんです。

——目の前の状況をプラスサム的に変えていくために必要なのが、突破力のあるアイディアだと。

孫　そうです。限られた資源を「どう分配しよう」なんて悩むのは、じつに時間がもったいない。そんなところに知恵を使うより、まったく別の視点から新たなアイディアを出して、全体の総和を大きくしたほうがいいと思います。

——おたがいに「奪い合う」イメージがなくなるのも、いいですよね。

孫　はたらく……という言葉は「はた（傍）」を「楽にする」っていうことじゃないですか。

——ええ。自分のまわりの人を、助けること。

孫　本当にそうだなあと、あらためて思うんです。ぼくらは、お金のためにではなく、まわりの人を楽にするために……。

――はたらく。

孫　はい。でね、ぼくらが「絶対、応援したい」と思うスタートアップって、その「はた」が、自分中心に半径50メートル100メートルじゃなく、全世界をカバーしちゃうような可能性を秘めた人たちなんですよ。

――はた（傍）の範囲が、地球大。さっきのフォトポリマーのお話なんか、まさにそうですね。

孫　彼らの発想を見ていると、やっぱり、何よりもまず「アイディア」なんです。

――はい。

孫　利益というのは、アイディアのうしろに、ついてくるものなんだと思います。

（2020年4月2日　世田谷区↑ZOOM↓シンガポール）

孫泰蔵（そん・たいぞう）

Mistletoe創業者。連続起業家として社会課題の解決に取り組むスタートアップを創業する傍ら、「大きな社会課題を解決するコレクティブ・インパクトを創出するためのコミュニティ」を標榜するMistletoeの創業者として、社会課題を解決しうる起業家の育成やスタートアップの成長支援に尽力している。

16/33

フリーランスのデザイナーです。仕事がないと罪悪感や無力感に苛まれます。

●悩み――フリーランスのデザイナーをやっていますが、つい最近、ぽっかりと仕事が空いてヒマになり、すごく焦りました。フリーランスが不安定なのは重々承知だったんですが、将来への不安、他の人がはたらいているときにはたらいていない罪悪感、無力感……など、マイナス感情があふれて止まりません。営業をかけたり、LINEスタンプをつくったり、とにかく何かをして気を紛らわせています。こんなちゃんとしていない自分がフリーランスなんてしてていいんでしょうか。そもそも自分、はたらいていると言えるのか？　悩みというかただの気持ちの吐露になってしまいました。すいません。

（28歳・デザイナー／イラストレーター）

●答え

注文の来ない今こそ、
注文の多いデザイナーになるチャンスです。
才能がないなと思ったら、
ベラスケスをまるパクリすればいいんです。

田中泰延（青年失業家）

答えた人

田中　青年失業家を名乗るぼくに、この質問。

――もしよろしければと思いまして。

田中　いや、まずこの人、「他の人がはたらいているときに、自分だけはたらいていない」ことに対して「罪悪感」や「無力感」を抱いてますよね。これが不思議で。

――あ、そうですか。どうして「不思議」ですか。

田中　会社員時代、ぼく、平日に有給を取ってディズニーシーなんかに行くと、ものすごくうれしかったんですよ。

――ああ、ご自身の経験から（笑）。みんながはたらいているときに「遊ぶ」のが「うれしい」と。

田中　だって、ぼくがジェットコースターで絶叫している今この瞬間にも、会社で見積もり書いてるバカがいるのかと思うと。

――向いてたんですかね、「仕事をしない」ということに。

田中　そう、仕事をしないのに向いてた。

――でも、この方は「焦り」を感じてらっしゃいますよね。のみならず「罪悪感」や「無力感」まで。

田中　みたいですね。

――そういう気持ちは、湧いてこなかったんですか。

田中　ぼくにはまず、書くことが「仕事」だとは思えないんですよ。

――え、あんなベストセラーを出しておきながら。

田中　いやいや、だって「50万円で書いてもらえますか」という人もいれば「3万円以上はちょっと」という人もいる。で、どっちも書く労力はほとんど一緒なんです。

――たしかに、そこに「47万円ぶんの差」はないでしょうね。

田中　だから、そんなものをアテに生きていこうと思ったら、生活の設計ができないんです。ぼく、会社を辞めるときに「文章を書いて食ってこうと思ってます」と言ったんですよ、おたくの社長さんに。

——ええ、弊社の代表・糸井重里に。

田中　そしたら社長、なんておっしゃったと思います？「田中さん、それはね、コンビニかガソリンスタンドではたらきながら書いたほうがいいよ」って。

——別のことで食い扶持を稼がないとキツいぞと。

田中　そう。つまり「書くことで収入を得る、食っていく」なんてことは、現代の日本ではファンタジーなんです。

——イバラの道ですよね。それも相当、トゲトゲの生い茂った。

田中　この人もフリーランスのデザイナーさんでしょ。発注がない限りお金にならないんです。

——ええ。

田中　ぼくもね、少し前までは同じような状況だったからわかるんですよ。なにしろ、会社を辞めて2年で稼いだお金が「200万円」くらいだったんで。

――なんと。

田中　年収にしたら「100万円」です。

――ゆえに「青年失業家」を名乗られて。

田中　まあ、仕事がしたくなくて会社を辞めたんだから、別によかったんですけどね。生活費をどうするかって問題は、まあまあ、あるにしても。

――その点、この方は、そういう状態に耐え切れず、空いた時間と心の隙間を埋めるために「営業をかけたり、LINEスタンプをつくったり」しているようです。

田中　ぼくも、しばらく「とくに仕事のない状態です」という感じが続いたんですが、去年の6月に本を出してからは、講演会の依頼がいっぱい来るようになったんです。

――わあ、そうなんですね。

田中　あの本の内容について100人、200人、多いときは300人くらいの前でしゃべってくださいと言われるんです。みんな、何千円の入場券を買って来てくれるんです。

――一冊のベストセラーを持つということは、すごいものですね。

田中　まあ、講演会自体は好きでやってるわけじゃないんだけど、義理やお付き合いもありますし、お客さんも来てくれるっていうから、そういう依頼をこの3月まで詰め込んでいたんです。今日もひとつ、あるはずだったんです。あさってもその次の日も、3月21日も3月23日もあったんです。沖縄をはじめ、日本各地で。

――すごいじゃないですか。

田中　でも、例の新型コロナのおかげで、2月半ばから3月いっぱいのすべての講演が吹っ飛んだんです。

――ひとつ残らず？

田中　ひとつ残らず。

――ああ……その場合は、何の保証もないわけですよね。入るはずのものが、ただ入らなくなるだけで。

田中　そうですね。ま、各団体、騒ぎが収まったらやりましょうとおっしゃいますけど、何せ、先行きがわかんないもんね。

――じゃあ、とつぜん、日々の予定が真っ白に。

田中　なりました。

――それは、そうでしたか……。

田中　で、よかったなと。

――え?

田中　よかったなと。

――「よかったな」?

田中　はい。

――「よかったな」と思ったんですか?

田中　思いました。だって、3月いっぱい、気はすすまないけどやるかと思っていた講演会がぜんぶ飛んで、そりゃあ収入は「ゼロ」になりましたよ。

――ですよね。

田中　たぶん、100万単位で吹っ飛びました。

――うわー。

田中　だってほんとに、講演会でギッシリだったんだもん。でも、それらぜんぶが吹っ飛んだんで、今は泣きながら、友人の浅生鴨さん主宰の同人誌の原稿を書いてます。

――泣きながら（笑）。

田中　そう。

――つまり「本業に向かった」ってことですね。

田中　うん。もちろんね、講演会が飛んで向かった本業も、もうかる保証はないんですよ。でも、うれしいわけですよ。

――うれしい。何がうれしい？

田中　本来やるべきことに取り組めることが、です。この人も、言ってみれば「ヒマなデザイナー」じゃないですか。「注文の多い料理店」ならぬ「注文の来ないデザイナー」でしょう。

――直言すれば、そうです。

田中　だったら今こそ、昔で言う「スキルアップ」ってやつに取り組めばいいじゃないですか。

――そうか、そのための時間がたっぷりできたと思って。

田中　ラッキーだくらいに思ったほうがいいです。

――LINEスタンプつくってる場合じゃないと。

田中　どうして、そんなに焦るんだろうか。注文がない限り仕事のない仕事をやっているのなら、今こそ「ひっきりなしに注文が来る人」になるチャンスじゃないですか。

――注文のない今が、絶好の機会。

田中　世の中には、まずいラーメン屋のほうが圧倒的に多いでしょう。

――うまい店は、少ないですよね。数的には。

田中　10軒のうち7軒くらいは、もうまずい。だからみんな、おいしいほうの3軒に行列するんです。そこらへんのマーケティングの人に「うまいラーメン屋とまずいラーメン屋のちがいは何ですか？」と質問したら、だいたい「立地」とか「価格」とか、いい加減なこと言うんですよ。

――ええ。いい加減て（笑）。

田中　そんなの、理由はひとつだけなんです。そこのラーメン屋の大将が「うまいラーメンを食ったことがあるか、ないか」だけなんです。

――ああー……おいしいラーメンを食べるということを、やったかどうか。

田中　まずいラーメンしか食ってないから「まずいの連鎖」が起こるんです。出汁取って、醤油ぶちこんで、ゆでた麺を入れて、ネギをパラパラっとやったら一丁上がり。「ラーメンなんて、こんなもの」。

――悲劇ですね。丼の中の。

田中　このデザイナーさんは今、そういう「まずいラーメン屋」になっちゃってる。でも、おそれることはない。10軒中7軒がまずいラーメン屋なんだから、ふつうです。

――他の多くのラーメン屋と同じように、まずい。では、どうしたらいいでしょう。

田中　簡単です。うまいラーメン屋さん100軒の行列に並んでみればいいんです。さすがに、それだけ食べたら「うまいラーメンに共通している何か」を、つかむことができると思う。

――100軒。仕事がなくて時間があるなら、できますかね。

田中　できるできる。できますよ。でも、もし「時間はあるけど、才能がないからな」とか思ってたとしたら、次のことを試してください。

――おお。何ですか。

田中　まるパクリしてみてください。

――何を言うんですか。

田中　いやいや、まるパクリって悪いことじゃないから。本気でやるなら。

――まるパクリを、しかも「本気」で……。

田中　ええ、そうです。もし、この人がぼくの後輩デザイナーだったら「本気でまるパクリしてみろ」と言ってやります。つまり、この人が、ベラスケスをまるパクリしたようなデザインにしようと思ってベラスケスまるパクリの絵を描いて割りつけても、どうぞご安心ください。絶対、ベラスケスにはならないから。「もしかして、ベラスケスをまるパクリしようとしたのかな？」とすら、思われないから。

――なるほど（笑）。

田中　だって、この人、ベラスケスじゃないんだもん。だから、まるパクリしたらいいんですよ。

——描いてる人がちがうということの意味ですね、それはつまり。

田中　そう。絶対ちがうものになります。ぼくだって、CMをつくるとなったとき に「リドリー・スコットのあの映画のあのシーンよかったな、まるパクリしよう！」と決めて、スタッフにも映画のあのシーンを見せて「このシーンのまるパクリで行こう、リドリー・スコットっぽいって言われてもいいやん、かっこいいから、まるパクリしようぜ！」って言って、いざできあがったものを見ても、リドリー・スコット作品とは似ても似つかないものになっているはず。

——リドリー・スコット本人に見せてもわからないほど。

田中　そう。だってぼく、リドリー・スコットじゃないから。

——いい話ですね。

田中　絶対、大丈夫。正々堂々とパクってください。

——なぜなら、あなたはベラスケスじゃないから。

田中　そう。リドリー・スコットでもないから。

（２０２０年3月15日　大阪にて）

田中泰延（たなか・ひろのぶ）

１９６９年大阪生まれ。株式会社 電通でコピーライターとして24年間勤務ののち、２０１６年に退職。「青年失業家」を名乗りライターとして活動を始める。２０１９年、初の著書『読みたいことを、書けばいい。』（ダイヤモンド社）を上梓。

Twitter: @hironobutnk　https://twitter.com/hironobutnk

はたらくことば——その6

お金に困っているときは別ですけど、わたしは、余裕のあるときには、別の人の考えたお話には、できるだけ絵をつけないことにしているんです。でも、やっぱり「アリス」だけは……いやしくもイラストレーターを名乗る以上、万が一『不思議の国のアリス』の挿絵の依頼が来たら「逃げるわけにはいかない」と、思っていたんです。

佐々木マキ（絵本作家／イラストレーター）

好きなことは、お金を稼ぐことより「尊い」ですか。

17/33

●悩み

学生時代に「お金を稼ぐために、好きなことをするんだ」と言った友人と大喧嘩になりました。わたしは「好きなことをした結果として、お金がもらえることを、理想とするべきではないのか」と思ったんです。この年になると、大喧嘩するほどのことだったのだろうかとも思いつつ、それでも「好きなこと＞お金を稼ぐ」というスタンスでいたいと思う自分がいます。みなさまは、どのようにお考えでしょうか。好きなことは、お金を稼ぐことより「尊い」ですか。

（46歳・編集者）

●答え——

一切衆生悉有仏性。
どちらの道を選んだあなたも、
等しく尊いと考えたらどうでしょう。

青江覚峰（僧侶）

答えた人

――青江さんは、学生のときに「MBA」つまり「経営学修士」の学位を取得するために渡米されたそうですね。

青江　はい。

――自分は1995年に大学に入学しているんです。

青江　あ、じゃあ「同い年」ですかね。

――はい、そうみたいです。で、ぼくたちが大学生だったころ、MBAって今ほど知られてなかったじゃないですか。当時、日本の大学院では取得できなかったと思うし。

青江　そうですね。

――あの時代に「MBAを取るために渡米」って、かなり「意識高い系」だったんじゃないでしょうか。

青江　わたし、実家がお寺なんです。で、家業のある人間って、だいたいそういう病気になるんですけど、「実家を継ぎたくない病」という。

——お坊さんは、おイヤでしたか。

青江　イヤでしたねえ……というか、坊さんがイヤというより、敷かれたレールの上を歩きたくないという。ま、一種の「中二病」みたいなものですね。ずっと「お寺を継がずに済ますにはどうすればいいだろう」と考えていて「そうか、日本にいなければいいんだな」と。

——でも、それで「渡米してMBA」というのも、思い切ったチョイスですよね。

青江　もう帰らないつもりで、アメリカに渡りました。だから「海外で一生、食いっぱぐれないようにするには」と考えて「MBAがあれば、どの国にいても、まあまあ食べていけるだろう」という結論に達したんです。

——実際、あちらでビジネスをやってらっしゃったんですよね。

青江　はい、アロマテラピーを販売していました。自分で言うのもなんですが、当時、おもしろいようにお金が稼げました。

——もうかってらっしゃった。

青江　もうかってました。お金もあったし、ビジネスの仲間もできたし、とても楽しくやっていました。でも、そんなときに「9・11」のテロが起こったんです。

――2001年ですね。その日のことを、よく覚えてます。最初のニュースが流れたのは、日本では夜でした。

青江　はい。あれで、一気にメンタルをやられてしまったんです。あそこまでの破滅的な出来事に対して「自分は、何もできない」という無力感に苛まれてしまって。1年くらい放心したような状態で無為に過ごし、結果、仕事のパフォーマンスも、みるみる下がっていきました。

――わあ。

青江　そうするうちに「あとづけのものは、何もいらない」と、思うようになったんです。

――あとづけ。

青江　ＭＢＡで学んだマーケティングも、アカウンティングも、ファイナンスも、ぜんぶ「あとづけ」だと。英語も留学で身につけたものだし、もっと言えば国語も算数も理科も社会の勉強も「ぜんぶ、あとづけだ、捨ててしまおう」と。

――そんな、完全消去みたいなリセットボタンを。

青江　追い詰められたような心境だったんですね。でも、それでも「捨てられないもの」が、ひとつだけ残りました。それが「日本人である」というアイデンティティだったんです。

――なるほど。

青江　日本って、日本人って何だろうと考え続けました。そうしたら、それまで食わず嫌いだった仏教や神道、日本の宗教・文化観のなかに「何かが、あるかもしれない」と思うにいたったんです。

――そうやって、ビジネスの最先端にいた人が、お坊さんの道へ。どうでしたか、実際。まったくちがう環境だと思うのですが。

青江　きちんと向き合い、勉強をしたら、おもしろかったんです。とっても。

――仏教が。

青江　はい。

――どういうふうに、ですか。

青江　たとえば、お釈迦さま……つまりゴータマ・シッダールタに次いで教科書に載っている聖人に「龍樹」という人物がいます。大乗仏教の祖と言われているんですが、この人、ものすごい天才で、しかも「透明人間」だったんです。

――へぇえ……透明人間？

青江　そう。透明人間になるための秘術を身につけ、透明人間仲間の悪友たちと徒党を組んでは王宮の女官に手を出したり、悪さばっかりしていたんです。

――そうなんですか。聖人なのに。

青江　透明だから、誰の仕業かわからないのをいいことにね。そこで、当時の王様が王宮に灰を撒いて、足跡のついている場所を剣で斬らせて回ったんです。

ひとり、またひとりと仲間が殺されていくなか、龍樹だけは生き残る。

――それは、頭がよかったから。

青江　はい。でも、友だちみんなが、死んでしまった。さすがの龍樹も世をはかなんで、釈迦のもとへ赴き、弟子入りするんです。そこで、話がめでたしめでたし……にならないところが、仏教のおもしろいところで。

――続きがあるんですか。

青江　はい、龍樹は、そこから先も「ダメダメ」なんです。何しろ「天才」なんで、お釈迦さまの言うことを「オレ、ぜんぶわかったぞ。速攻、悟っちゃったよ」とか言って、まわりの人たちをディスりはじめたり。で、そうやって「天狗」になっていたら、鼻っ柱を折られて……ということを何度も何度も繰り返すんです。

――そういう人が「聖人」ですか。

青江　そうなんです。心を入れ替えたように見えても、結局、何年か経ったら、元の木阿弥。つまり、そんなことを一生をかけて繰り返していくのが、人間なんだと。

――仏教の人間理解って、そういうことなんですか。知らなかったです。今の話は、何という経典に書かれているんですか。

青江　『不法蔵因縁伝』という仏典、つまりお経の一種に書いてあります。

――えっ、お坊さんが唱えているお経って、そんなことを言ってるんですか。

青江　そうなんです。だから、別に「ありがたい話」ばっかりじゃないんです。

――仏教、おもしろい……。

青江　そうでしょう。人間はダメな生きものだ、ダメだからこそ、どうやって生きていかなければならないか。仏教とは、その「問い」の繰り返しなんです。で、その問いに対して、浄土宗、浄土真宗、真言宗、日蓮宗……という各宗派が「わたしたちは、こう考える」と言っているんです。

――では、そうやって「ビジネス、お金」の世界と「仏教、人間理解」の世界の

青江　両方を経験した青江さんが、この方の質問に答えるとすれば、どうでしょう。まず、ご質問の方は「好きなこと」と「お金を稼ぐこと」の「どちらが尊いだろうか」と、いわば「天秤」にかけていますよね。

――はい。

青江　仏教の教えに「一切衆生悉有仏性」という言葉があるんです。

――いっさいしゅじょうしつうぶっしょう。

青江　簡単に言いますと「どんな存在でも、等しく尊い。聖人でも、赤ちゃんでも、同じように尊いんだ」という意味です。お釈迦さんって、生まれてすぐに「天上天下唯我独尊」って言ったんですけどね。

――あ、かの有名な。お釈迦さまの言葉だったんですか。

青江　はい。ヤンキーのみなさんの専売特許ではありません。赤ん坊時代のお釈迦さまが言った言葉で「世界で唯一、わたしが尊い」んだという意味。つまり「生まれたばかりで、腕力もない、権力もない、何も成し遂げていない赤ん坊」

でさえ「尊い」と言っているんです。

——なるほど。

青江　その考え方からすれば、「好き」を追求することも、お金を稼ぐことも、「どちらも、尊い」と言えるのではないでしょうか。

——どっちが上とか下とか、優劣をつけるのではなく。

青江　はい、どちらも「等しく、尊い」と考えれば、「好き」を追求することも、お金を稼ぐことも、どちらも大切にすることができます。そう思えたら、どちらの道を選んだあなたも等しく尊いし、両方の道を同時に追い求めることだって、できると思います。

——アメリカでMBAを取り、ビジネスの最前線で仕事をしていた経験は、今の青江さんの仏の道にも、影響を与えているんでしょうし。

青江　そうなんです。一度は「捨てた」つもりのMBAの知識も、今のわたしに、深く影響を与えていることがわかります。

――それは、具体的には、どういった部分で？

青江　ひとつには、ものごとの「外側」から「見る」ということ。これは仏教に限りませんが、日本の伝統的な思考や文化を冷静に見る目が、ＭＢＡを学ぶ過程で養われたと思っています。そして、もうひとつは、ロジカルシンキングとエモーショナルな言葉の使い分け、とでもいいましょうか。

――おお。

青江　仏教の教えを伝えようとしたとき、たとえば「念仏を唱えれば、仏様が救ってくださいますよ」と言っても、通じるか通じないかは、相手による。

――なるほど。

青江　だから、この人に伝えるためには「ロジック」で説明したらいいのか、それとも「エモーショナルな部分」に訴えて話そうかと、そのつど考えて、少しずつ変えているんです。

――説法・説教にも、ロジックとエモーショナルがあると。

青江　ＭＢＡで学んだことです。

――どちらが「尊い」と決めつけず、どちらにも等しい態度で接してみたらどうか、ということですね。

青江　仏教には「問い」はあるけど「答え」はない。すべてが等しく尊いのであれば、両方の道を進むという方法も、ある。だから、そのつど、目の前の課題に粛々と取り組んでいくのが、いいんじゃないかなと思います。

（２０２０年４月13日　世田谷区↑ＺＯＯＭ↓台東区）

青江覚峰（あおえ・かくほう）
１９７７年東京生まれ。浄土真宗東本願寺派 湯島山緑泉寺住職。株式会社なか道代表取締役。米国カリフォルニア州立大学にてＭＢＡ取得。料理僧として料理、食育に取り組む。超宗派の僧侶によるウェブサイト「彼岸寺」創設メンバー。ユニット「料理僧三人衆」の一人として講演会「ダライ・ラマ法王と若手宗教者１００人の対話」などで料理をふるまう。著書に『暗闇ごはん』（徳間書店）、『お寺ごはん』（ディスカヴァー・トゥエンティワン）、『サチのお寺ごはん』（漫画監修・秋田書店）など。

はたらくことば——その❼

仕事って、「出合える」んです。未知の映画、未知の小説、未知の美術に。それまで、興味のなかったものもふくめて。仕事が、自分の興味を広げてくれるんです。

大島依提亜（デザイナー）

中学生の息子が「はたらく＝我慢」だと思っています。

18／33

●悩み

はたらくことについて中学生の息子と話したところ、「大きくなるにつれて、我慢することが多くなってきた。はたらくことについても、我慢することなんだろうな。やりたいことを仕事にできたとしても、我慢はあるよね、やっぱり」と言います。彼にとっては「はたらく＝我慢」みたいです。そんな息子に、なんと声をかけたらいいでしょうか。

（49歳・パート）

●答え

もちろん「我慢」です。その連続です。
でも、その「我慢」の先にしか、
「たのしい」は待ってないと思います。

斉藤和枝（気仙沼 斉吉商店専務）

答えた人

和枝　あの……「もちろん、我慢だよ」って思うんです。

――おお。ズバリ。

和枝　で、はたらくって「もちろん、我慢」の連続なんだけど、その先にしか「楽しい」はないと思ってます。

――なるほど。

和枝　「我慢」と「楽しい」は、いつでもワンセット。おたがい「くっついてる」って感覚です。たしかに「我慢して続けていれば、かならず楽しいことがやってくる」わけではないんだけど、ラクして手に入れた楽しさと、我慢の末に手にした楽しさとでは、まったく別ものですよね。

――はい、そのとおりだと思います。

和枝　はたらいていると、「たどり着きたい場所」が見えてきますよね。そして、そこへ向かう道の途中には、たいがい障害物が落ちています。

――どんな仕事も、「スンナリ」とは、なかなかいかない。

和枝　そう。それでも我慢しながら「何としても、たどり着きたい」と思ってがんばったときの楽しさ、うれしさって、何物にも代えがたいです。それに、最初は「我慢」だったものが、だんだん「我慢じゃなくなる」こともある。

和枝　──道を歩み続けている途中で。まわりから見ると、ずいぶん我慢しているように見えるかもしれないけど、それは、ずっと先に見えている「自分たちは、こうなりたい」という場所へ向かっているわけですから、いつのまにか「我慢」とはちがうものになっているんです。

和枝　──自分の足で、自分の意志で歩いている限り、「我慢」ではないですよね。まわりから「歩かされている」のなら、我慢でしかないでしょう。でも、本来「仕事」って「楽しいもの」じゃないですか。

和枝　──そうなんですよね。やらなくてもいいよと言われても……。仕事のない人生や暮らしなんて、自分には、ありえないです。仕事によって、自分や仲間がイキイキしたり、それこそ我慢したり、泣いたり、笑ったりしています。そして、そういうこと全体が「楽しさのもと」なんだよって、この中学生のお子さんにはお伝えしたいですね。

――和枝さんは、学校を出たあとは、会社勤めをされたんですよね。

和枝　ちょっとだけ。

――それは、いちどは外に出てみようということで？

和枝　そうですね。わたしは、ずっと家業の「廻船問屋」を継げと言われて育てられたんです。そのために……今思えばですけど、お稽古ごとなんかも途中で辞めさせられちゃって。あんまり一生懸命になって、そっちの道へ行かれても困るからって。

――なんと。

和枝　日本舞踊を習っていて大好きだったんですけど、それも途中で。

――はー……そうだったんですか。でも、そうやって家業を継いで、イヤじゃなかったんですか。

和枝　それが……イヤじゃなかったんです。あの、うーんと……フフフ、わたしの両親がね、とっても楽しそうにはたらいていたんです。そして、つねに「この仕事ほど、楽しいものはないよ」って、わたしに言い続けていたんです。

――英才教育。

和枝　もちろんね、いざはじめてみたら楽しいことばかりじゃないし、というか、むしろ「仕事って、何てたいへんなんだ！」と思うことばっかりで。

――そうですよね、実際は。

和枝　何が「楽しい」だ、うまくだまされたと思ったこともありますが、35歳くらいからかなあ、だんだん、おもしろくなってきたんです。

――きっかけは、何だったんですか。

和枝　子どもがあるていど大きくなって、これからは自分の責任で会社を回していかなきゃと思うようになったんです。自分で考えることが多くなって、で、その自分の考えたことで、お客さんがよろこんでくれる。そういうことを繰り返していくうちに、いつのまにか「仕事って、おもしろいなぁ」って。

――よく、就職活動の学生さんの悩みで「やりたいことがわからない」とか「希望の会社から内定がもらえなかった」というのがあるんです。

和枝　そうなんですか。

――でも、今の話みたいに「やってみたら、おもしろかった」ってこと、たくさんあると思うんです。

和枝　うんうん。そうですよね。そう思います。

――あの、今年で震災から9年が経ちましたけど、直接の被害のないぼくらが想像する以上に、東北のみなさんって「我慢」の連続だったと思うんです。

和枝　ええ。

――その、当時の「我慢」というのは……。

和枝　たぶん、いちばん「我慢」に近かったのは、たとえば、気仙沼へ来てくださった方に、おいしいお魚を出せないとか、そういうことだと思います。目の前の人たちに、もっとよろこんでもらいたいのに、できない。そういうことが、いちばん辛かったかなと思います。

――和枝さんは、自分が食べるのも忘れて、炊き出しのおにぎりを握り続けた人ですものね。

和枝　自分たちの洋服とか布団とか食べるものとかは、まあ、あればいいっていうくらいで。ふつうの暮らしを取り戻したいという気持ちは、もちろんありましたけど、それは「我慢」というほどのものではなかったです。

――仕事にまつわる「我慢」や「楽しさ」「うれしさ」って、人生のなかでも、とくに大きなウエイトを占めていますよね。こんなにも「仕事」で悩む人が多いのも、よくわかると言いますか。

和枝　うちの会社の人たちを見ていても、震災のときの「仕事がない」という状態が、いかに人間を弱らせるのかと。今、いちばん若い人だと、高校卒業で入社してくるんです。で、入りたてのころは、仕事のおもしろさなんて、本当にはわかってはいないと思うんです。

――そうでしょうね。自分も、そうでした。

和枝　何となく、こういう仕事がいいかなあって思って入社して、でも、はじめてみたら「我慢」の連続。だんだん元気がなくなっていったりするんだけど、でも、そのうちに、何やらすっごくうれしそうな瞬間を見るんです（笑）。

――ああ、いいですね。

和枝　そうなると、もう「しめしめ」ってなもので（笑）、顔つきも変わってくるし、どんどん自分で動きはじめる。わたしは今、若い人たちのそういう姿を見ているのが、いちばん楽しい。

――「楽しさ」も自分で見つけることが、重要なんですよね。

和枝　そう。自分のために、世の中が「おもしろいこと」を用意してくれるわけじゃないですからね。

――ぜんぜんちがう話なんですけど、先日、自分の大学の恩師が退官したんです。最終講義をやるというので見に行ったら、20年前とまったく同じことをおっしゃっていたんです。

和枝　ええ、ええ。

――それは「やりたいことがあるなら、それは、まずあなた自身が大切にしてあげなければダメですよ」ということで。

和枝　ああ……。

――学生時代、さんざん聞かされていたんですけど、当時はピンとこなかったんです。でも、その同じ言葉を、社会に出てはたらくようになって20年、40歳を超えてから聞いたら「ずっしーん！」と心に響いてきまして。

和枝　わかります。経験がないと、身にしみない言葉ってありますもんね。ずーっと言われていたんだけど、これほど深い意味があったのかあって、ハッとする瞬間。

――先生や両親という人たちが、教え子やわが子に対して「伝えよう、教えよう」としてくれていたことって、こんなにもたくさんあったのかあと。

和枝　はい。若いころは何を言われても実感が伴わなかった。「わかりました、わかりました。何度も聞いてるから、たくさんです」って。

――暗唱できますくらいのこと、思ってますよね。それでも、「わかってないなあ」と思いながらも、先生や両親って「言い続けてくれた」んですよね。だからこそ今、その言葉の重みを実感できているわけで。

和枝　本当に、ありがたいことです。だからわたしたちも、ぜんぶは伝わらないだろうと思いながらも、言わなきゃならないんだと思います。そして将来、むずかしい壁にぶつかってしまったときに、わたしたちの言っていたことが、少しでも助けになったらいいなあと思います。

――今日の「はたらくって我慢です、でも、その先にしか『たのしい』はない」という言葉も、今は、うまく伝わらない可能性は、あるんでしょうね。

和枝　そうですね。でも、言わずにいられませんねえ（笑）。

――この目の前の若造に、何十年か後に気づいてもらうために、自分は今しつこく言っている。そんな気持ちだったんだとしたら、先生とは、両親とは、なんと「我慢」づよく、ありがたい人だったんだろうと。

和枝　本当に。将来、むずかしい壁にぶつかったときに、先生や両親が「もういない」可能性もあるじゃないですか。

――ええ。

和枝　でも、その「言い続けてくれた言葉」が、きっと助けになってくれると思うんです。

――そう考えると、誰かが残してくれた言葉って、もう、「その人そのもの」かもしれない。

和枝　そうですね。本当ですね。

（２０２０年３月13日　新宿にて）

斉藤和枝（さいとう・かずえ）

昭和35年、気仙沼市斉吉商店に３姉妹の長女として生まれる。昭和62年、斉藤純夫さん（現・斉吉商店社長）と結婚。平成元年、斉吉商店入社。現在、子ども３人、孫５人。母、長男夫婦、孫と４世代８人で暮らしている。

はたらくことば——その8

みんながみんな、2+2=4で、4+4=8ですよみたいな考え方で、同じように効率主義で、同じような本を読んで……みたいに進んでいる時代って、気持ちわるいでしょう。そういうときに、まったく好き勝手をやっているのがアーティストなんです。で、世のなかの大勢とはちがう発想をする人がいる社会って、健全だと思うんです。

三潴末雄（ギャラリスト）

19/33

お金のためにはたらいています。ダメでしょうか？

●悩み

いい仕事をしたいとか、誰かによろこんでほしいとか、そりゃあ少しは思います。でも、正直なところ「お金のため」にはたらいています。別にかっこいいことでもないし、なんとなく大きな声で言いにくくて、あんまり人に言ったことはないのですが、ダメでしょうか。

（42歳・ウェブデザイナー）

●答え

ぜんぜんダメじゃないですよ。
漫画も、チリ紙交換も、熱湯風呂も、
お金を稼ぐためにやってきました。

蛭子能収（漫画家）

答えた人

蛭子　ぜんぜんダメじゃないですよ。俺は、いつでも「お金のためにはたらいてる」と思ってるんです。

――おお。

蛭子　だって、お金がなかったら死んじゃうじゃないですか。

――生活が成り立たなくなるという意味では、そうですね。

蛭子　だから俺は、お金を稼ぐために仕事してますよ。その場合、仕事は、どんなものでもいいんです。とにかく自分が、あの、ちょっとでも楽できて、なるべく給料の多い仕事を……。

――なるほど（笑）。蛭子さんは、来た仕事はめったに断らないと聞いたことがあります。

蛭子　そうですね。バンジージャンプ以外は断ったことないです。

――ああ、バンジージャンプはＮＧですか。死んじゃうかもしれないですもんね、万が一の場合。

蛭子　生命とお金とどっちって考えると、やっぱり生命のほうが大事だからね。

――じゃあ、熱湯風呂とかのお仕事はキツかったんじゃないですか。お金はもらえるとしても。

蛭子　そうですね。あのころは「素人の時代」とかって言われて、テレビに出て。ダチョウ倶楽部さんとかと一緒に、いろいろやらされて。あの時代は、ちょっと厳しかったなあ。

――つまり、蛭子さんの場合は、とにかく「死なないためにお金を稼いでいる」と。

蛭子　そうですね。

――そのために「お金がなくてはならない」と。でも、そういうことを蛭子さんほどハッキリ言う人って、あんまりいないと思うんです。この相談者さんも、おっしゃってますが。

蛭子　えっ、そうですか？　みんなそうなんじゃないの？

――本心ではそうでも、そこまでハッキリ言わないというか……。今のようなお考えは、わりと昔から、一貫して？

蛭子　そうですね……あの、子どものころの話なんですけど、大晦日の日に「トントン」って、近所のおじさんが来たんですよ。

――大晦日に。

蛭子　そう、その人がね、「明日はお正月なのにお金がないから、このコートを買ってください」って言うんですよ。そこら中の家を回って、みんなに断られて、で、うちにも来たみたい。

――ええ。

蛭子　コートって言ったたって、汚いし、ボロボロなんです。でも、うちだってすごい貧乏だったし、どうすんのかなって思って見てたら、やっぱり、かわいそうに買わなかったんです。

――なかなか買えないですよね、それは。

蛭子　そしたら、そのおじさん、次の日に死んじゃったんです。自分で。

——えっ……そうなんですか。

蛭子　そういうことがあったから。お金を持っとかないと死んじゃうんだなって。

——その体験は……蛭子さんのお考えに、かなりの影響を与えていそうですね。

蛭子　だから、ちゃんと仕事をやったのに、お金をくれない人も、たまにいるんですよ。そういう人に、ものすごい腹が立つんです。

——そりゃあ、そうですよ。もちろんです。

蛭子　だけど、ぜんぜん言い切れなくてね。なんでお金くれないんですかって言い切れずに、心のなかでブツブツ文句言って。それで、たまに漫画のなかで、包丁とかで「ブスッ!」とか復讐したりしてるんです。

——ああ、蛭子さんの漫画で刺されてるのは、お金を払ってくれなかった人なんですね（笑）。でも、蛭子さん『ガロ』にも描かれてましたよね。原稿料ゼロで有名な。

蛭子　あそこは、みんなもらえなかったんだよね。

――載るだけでうれしかったということですか。

蛭子　そう。そうなんだけど、ずっとタダだったんです。辞めるその日まで、タダだった。

――そういうコンセプトの雑誌ですものね。原稿料タダだけど、好きなように描いていいという。当時は、どういう思いだったんですか？

蛭子　いやあ、漫画を手渡すときも「今日も、お金もらえないのかな」って（笑）。ま……わかってたけど、少しはくれてもいいのにと思ってました。でも、漫画を描きながら、いろんな仕事をやってたからね。お金は、まあ、そっちでもらえればいいのかなあと。

――たしか、ダスキンさんとかにお勤めでしたよね。

蛭子　そうそう。あとは、チリ紙交換とか。

――あ、チリ紙交換もやってらっしゃったんですか。

蛭子　チリ紙交換は、よかったですよ。自分の思いどおりに動けて、お金もけっこう入ってきて。雨が降ったら、うれしいんですよ。

――うれしい？

蛭子　そう、重たくなるから。新聞の重さで、もらえるお金がちがったんですよ。わざと濡らしていく人もいたくらい。

――あれ、看板屋さんだったのは……。

蛭子　その前かな。高校のあとだから。

――グラフィックデザイナーになりたかったんですよね。

蛭子　横尾忠則さんにあこがれていたんです。でも、高校の先生から「ここはどうだ」って紹介されたのが、看板屋さんだったんです。

――そうやって最終的に漫画家としてデビューされるわけですが、でも漫画家の道こそ、お金になりにくいんじゃないかと思うんですけど。

蛭子　もともとは映画監督になりたくてシナリオセンターに通ってたんです。でも、友だちができなくて、ひとりも。映画というのは、みんなで協力しあってつくるものじゃないですか。だから、友だちがいなくても、ひとりでもできる漫画家になろうかなと思ったんです。

――テレビには、どういった経緯で出るようになったんですか。

蛭子　柄本明さん。柄本さんが、ご自身の劇団の「東京乾電池」のポスターを描いてよって。それで、芝居にも出たんです。それがきっかけ。ぼくの漫画を読んでくれていたみたい。

――じゃあ、その延長上に『いつも誰かに恋してるッ』の「宮沢りえさんのお父さん役」があるんですか。

蛭子　テレビはギャラがいいから、うれしかったんですよ。

――でも、いきなり「宮沢りえさんのお父さん役です」というオファーが来て、よくお引き受けになりましたね。

蛭子　俺にはできないと思ったんですけど、仕事が来たうれしさのほうが大きくて。やっぱり、お金がなかったから。とにかく「100円でも多いほうがいい」と思って生きてきたんですよ。

――ドラマなんか出たら一気に有名人ですよね。それで「父親にしたい有名人」の第1位に選ばれたりとか。

蛭子 でも、そのあと熱湯コマーシャルに出るようになって「父親にしたくない有名人」の第1位になりました。

――極端だなあ(笑)。テレビのおかげで、漫画もたくさん売れたんじゃないですか。

蛭子 いやあ、テレビに出はじめたら、一気に漫画が売れなくなったって。包丁振り回したりするグロい漫画の作者がこんなおじさんだったから「えっ?」と思われて、ぜんぜん売れなくなったって。出版社の人が言ってました。

――蛭子さんの感覚として「お金をもらううれしさ」って、どういう感じでしょう。たとえば、おいしいものが食べられるとか……ただ「お金を眺めている」だけじゃ、別におもしろくもないじゃないですか。

蛭子　眺めとくだけで、おもしろいですよ。うれしいです。お金をもらったときの「1枚、2枚」って数えていくときが、本当にうれしいんですよ。

——お金というものじたいがお好きなんですね。

蛭子　お金じたいが好きだと思う。

——じゃあ、これからのキャッシュレス社会とか、さみしいですね。スマホで「ピッ」で、お買い物できちゃうという。

蛭子　あ、何とかペイのね。俺、正直苦手かも。

——お金を貯めるのも好きなんですか。

蛭子　いやあ、貯金はあんまりないんですよ。そんなに物も買わないんですけど……この腕時計も、ダスキンを辞めるときに退職祝いでもらったのを、もう40年以上してるし。

——すごい物持ちの良さ！　じゃあ、何にお金を使ってるんですか。

蛭子　食べ物か、旅行か、競艇かな。でも、競艇には遊びで行ってるんじゃないんです。あれは、お金を増やしに行ってるんです。

——つまり、ボートも「仕事」であると。来た仕事ではないけど、みずからに課した仕事。

蛭子　そうですね。結果的にお金は減ってるんだけど。

——あ、減っちゃってる。そうですか（笑）。では、本日のお話をまとめますと、つまり「死なないために重要」ということなんですね。蛭子さんにとって、お金とは。

蛭子　そうですね。ポケットにいくらか入ってないと不安になるし、入っていれば安心ですから。死なないように生きるのが、ぼくの目標なんです。

——お金のためにはたらいて、何がおかしいと。

蛭子　ぜんぜんおかしくないですよ。

（２０２０年３月25日　渋谷・宇田川町にて）

蛭子能収（えびす・よしかず）

漫画家。1947年（昭和22年）10月21日生まれ。長崎県出身。高校卒業後、地元の看板屋に就職。1970年に上京し、チリ紙交換やダスキンのセールスマンとしてはたらきながら、漫画家を目指す。1973年、伝説の漫画雑誌「ガロ」に『パチンコ』が掲載され、念願の漫画家デビュー。1980年、33歳で漫画家専業となる。ヘタウマな作風が人気を博す。1986年劇団東京乾電池公演「台所の灯」より参加。1980年代後半からはタレントとしても活躍。主な著書に『蛭子能収コレクション』『ひとりぼっちを笑うな』『蛭子の論語』『蛭子能収のゆるゆる人生相談』など。

はたらくことば――その9

世界的ピアニストの内田光子さんが、外交官で、生粋の九州男児だったお父さんを来日コンサートに招待した。当時もう高齢で、外出をしぶるお父さんを、半ば無理やり、引っぱるようにして、来てもらったそうなんですが、そのお父さんが、コンサートの帰りの車のなかで、妻に……つまり内田さんのお母さんに向かって、こう言ったんだそうです。なんであの人が我々の娘なんだろう……って。

松家仁之（小説家）

20／33

なぜ、就活写真を加工するんだろう。

●悩み

どうして就活用の顔写真をきれいに加工するんでしょうか。アイドルになるわけでもなし、顔を見て採用するわけでもないのに、写真を加工する理由と意味がわからないです。加工するということは、たぶん「いい子」に近づけることだと思います。ギャルがお料理上手だったら印象がよくなるけど、写真で「いい子」に見える人が口が悪かったら悪印象になりますよね。顔写真を加工して「いい子のふり」してエントリーして、実際に会ってみると「あれ？」となったら、少なくともプラスにはならないのに。

（21歳・大学生）

●答え——

なぜ、就活写真を加工したのか？
決め手は、切り返せる答えを
持っているかどうかです。
ただし加工のしすぎには気をつけましょう。
悲劇をまねきます。

森村泰昌（美術家）

答えた人

森村　こういう悩みがあるとは、時代は変わったなあと、つくづく思います。

――と、おっしゃいますと。

森村　ぼくが学生のころには、当時の流行歌にもあるけど、長い髪を切って就職することに対して、ある種の「負い目」が、あったんです。

――22歳くらいで「もう若くはないさ」って、現代の感覚とはかなりちがいますよね。

森村　それが、いつからか、みんながみんな当然の如く、そろいのスーツを着て、一様に同じような顔をして行列に並ぶわけでしょう。変わってきたのは、80年代の後半かなぁ。

――当時はいわゆる「バブル期」ですよね。世代的に、あまりよく知らないのですが。

森村　90年代には「就職難」で、世の中が不景気になっていたでしょう。そうなると、どうにか就職しなければというので、あまり「疑い」を差し挟まなくなりましたよね。

森村　──そうかもしれないです。

そうすべきもの。そうしなければならないもの。なぜなら、みんながそうしてるから。そうやって必死に就職先を見つけ出すという風潮の、その先にあることでしょうね。

森村　──はい、ええと、何がですか。

履歴書の写真を加工する、ということが。

森村　──あ、なるほど。

でも、この人は「写真を加工する理由がわからない」と書いています。でも、そのこと自体は明白だと思うんです。

森村　──少しでも自分をよく見せたい、ということですよね。せめて書類選考くらいは通過したいから、顔写真に「お化粧」をしようと。

でも「真を写さない」のが「写真」なんですよ。

――あー……そうですか。

森村　だって、同じ人間……たとえば「ぼく」を撮るにしても、写真家が変われば、撮られた顔もぜんぶちがってきますから。

――たしかに、そうですね。

森村　この人は加工した写真を貼るのはおかしいと言ってますが、そういう意味では「素顔の写真」なんてものも存在しない。履歴書なんかに貼りつけるのは、いちおう「素顔の写真」だとされているのかもしれないけど。

――森村さんは以前、顔とはすべて「お面」で、そのうち「素顔」と呼ばれるものも、お面のひとつにすぎないとおっしゃっていました。

森村　そうです。わたしは「人間はフィクション」だと思っています。だから、その「素顔」もフィクション、つくりごとの「お面」なんです。これを逆に言えば「すべてが素顔」だとも言える。

――メイクを塗りたくってゴッホに扮した顔も。

森村　つまり、どこを探したって「素顔」なんてものはないんだから「素顔の写真」も存在しない。だったら誰でも「なんとかしたい」と思うことになる。

――人間の「顔」は、着脱可能な「お面」なわけだから。

森村　当然、そこで「なんとかしない」という選択肢もあります。でも、その「なんとかしない」という選択も、他の「なんとかしてる」写真との対比において、みずからの素直さやら何やらを主張しようとしているわけで、ようするにそれも「なんとかしてる」写真なんです。

――ええ、なるほど。

森村　まあ、写真を加工しようがしまいが、みんな、何かしら考えてしまうもんなんですよ。写真を撮られるというときには、みんなね。

――たしかに、そうかもしれません。

森村　写真というものは、どうしても、撮られる側に何かを意識させてしまいます。自分好みの顔、自分がいちばん高く売れる顔にしたいということは、誰でも考えることだと思うんです。

——どうせなら「写りのいい写真」を選ぼうと、みんなしますしね。

森村　で、その際の「加工の度合い」というのは、人それぞれです。バキバキに加工して人造人間みたいになった顔にあこがれている、かっこいい、これこそがわたしだと思う人は、当然そのような写真を貼るでしょう。

——その人のセンスとか自意識が、あからさまにあらわれそうです。

森村　だから、そのこと自体は、いいか悪いかの問題じゃないです。それはもう好きずき、どうぞご随意にというほかはない。だけど、ぼくが面接官だったら、当然「気になる」と思うんですよ。

——ええ。

森村　顔写真のこと。

——はい。目の前に座ってる人と、明らかにちがう人が写っていたら。

森村　そういう場合、意地悪な面接官だったら聞いてくると思うんです。

——履歴書の写真と、実際の顔の異同について。そうかもしれません。

森村　でね、これは写真だけじゃないんだけど、履歴書というものは、実は、そういう自分の考えやスタンス、哲学などを表明しているようなところがあります。

——ああー……たしかに。

森村　すべての項目を「手書き」にする人もあれば、パソコンで書く人もいますよね。パソコンで書くのも一様じゃない。人によって選ぶ書体にちがいが出る。

——ああ、書体って、文章の印象を決定的に左右しますよね。

森村　つまり、手書きにするのか、パソコンで打つのか、パソコンで打つ場合どの書体を選ぶのか。履歴書を書くに当たっては、つねに何かを「選択」しているんです。そして、そのうちのひとつとして「写真」もある。

——はい。

森村　とするならば、わざわざ「その写真」にした理由を、きちんと答えられればいいと思うんですよ。ただ、それだけのことです。

――なるほど。

森村　ここが就活の決め手になる重要な場面です。どうして履歴書にこの写真ですかと問われたとき、あいまいな答えなら「ああ、そういう人なんだな」と思われて確実に減点の対象になる。逆に、おもしろければ加点です。とにかく、その写真を選択したということに、きちんとした理由があるかどうかが重要だと思います。

――たしかに、そのとおりだと思います。

森村　大げさに言えば「覚悟せよ！」ということです。これに尽きるんじゃないかな。自分はどうして、この写真を選んだかという点に、どれだけ自覚的かということは、たいへん重要だと思いますね。

――覚悟の問題。納得しました。

森村　就職活動の面接の場というのは、自分がどんな人間か、きちんと言わないといけないところですよね。だから、何をやっても自由なんですよ、本来。加工しようがしまいが、その人の選択なんだから。

――はい。

森村　でも、その理由については、聞かれたら、きちんと答えられないとダメ。

――それだけのことであると。

森村　そもそも面接の試験というのは、自分自身をアピールする場ですよね。だって、大勢のなかから誰かを選ぶわけですから。であるならば、個性を表明する機会であるべきだろうと、ふつうに考えて思うんだけど。

――そうですよね。

森村　そういう意味では、この質問を送ってきた人のほうが、昨今の就職活動の「枠内」にいる人なんじゃないでしょうか。

――ああ、一見、現代の風潮に批判的であるように見えて。なるほど……。でも、フォーマット文書の最たるもののような「履歴書」の中身が、実際はすべて

森村　「選択の結果」だというのは、たしかに、今まで気づきませんでした。ひとつ、アドバイスがあるとすると。

――お願いします。

森村　見えなくなるんですよ、だんだん。

――何が……ですか。

森村　セルフポートレイト作品をつくっているぼくの場合は、加工というよりメイクなんだけど、気づかないうちにどんどん「濃く」なっている場合がよくあるんですよ。

――あー、エスカレートしていって！

森村　これは危険です。写真を加工しているうちに、いつのまにかほぼアニメになっちゃってるのに、自分では気づかない、なんていう事態を就活の場で引き起こしてしまう。海外の知り合いなんですが、顔を整形し続けている大金持ちのマダムがいるんです。80歳を過ぎてるんですが。

——はー……はい。

森村　整形のたびに、まわりも褒めないわけにはいかないもんだから、エクセレントとか言って。どんどん、おかしくなっていってるのに、本人だけが気づいていない。

——それは……そうですか。

森村　だから、写真の加工についても、理想の自分を求めていくうちに、極端にエスカレートしてしまう。なのにそのことに気がつかないなんてことになれば、もうそれは喜劇を超えて悲劇です。ま、人のこと言えないんだけど（笑）。

——ちなみにですが、芸術家の方々というのは、基本的に「他と同じであってはならない」と思っているし、実際そうだと思うんです。うみだすものにしても。

森村　まあ。

——そのことについての論理的な説明があったら、うかがえますでしょうか。なぜ、人と同じじゃダメなのか。

森村　それはね、おもしろくないからです。そんなんじゃ。

――おお。

森村　われわれの扱っているものは「美」と呼ばれますが、それというのは、ひとつの価値観の体系です。で、その「美の世界」を豊かにしようと思ったら、少しでも多くの「ちがい」を必要とするんです。

――なるほど。

森村　その「ちがい」の数や種類が有限だとしたら、「美とは何か」について、まったく広がりがなくなってしまいます。10人の絵描きが集まって、みんなでバラの花を描きましょうと。そこで、全員が全員、同じバラの花を、同じような色で、同じようなタッチで描いても、退屈でしょうがない。そんなの、見てられないでしょう。

――たしかに。

森村　赤いバラを青く描く人、ゴテゴテ描く人、サラッと描く人……みんな、それぞれにちがうということは、世界をおもしろくするんです。

——ちがうということは、おもしろいということ。

森村　まったく、そうです。芸術とは、永遠に「ちがい」を求め続ける場なのですから。

（２０２０年３月15日　大阪にて）

森村泰昌（もりむら・やすまさ）
美術家。１９５１年、大阪市生まれ。京都市立芸術大学、専攻科終了。１９８５年にゴッホの自画像に扮したセルフポートレイト写真を発表。以後、一貫して「自画像的作品」をテーマに、美術史上の名画や往年の映画女優、20世紀の偉人等に扮した写真や映像作品を制作。国内外で多数の個展を開催。著作・評論も多数。２０１１年、紫綬褒章受賞。

会議でぼくが話し出すと、必ずあくびをする同僚がいます。必ずです。

21/33

●悩み――――ぼくが会議で話し出すと、必ずあくびをする同僚がいます。これはいったい、どういう意味でしょうか？　話がつまらないと、暗に言われているのでしょうか。

（40歳・ウェブ編集者）

●答え——

心配するのは、まだ早い。
その場の全員があくびをしたら心配しよう。
その場の全員が寝ちゃったら、
あなたにはまったく別の才能があると思う。

春風亭一之輔（落語家）

答えた人

一之輔　あくびくらいしたっていいじゃないの。

――師匠。

一之輔　じゃあさ、時間帯の問題じゃない？　おひるごはんのあとにやらないようにするとか。誰だって眠いでしょう、おなかいっぱいの状態では。

――眠くならない時間に、会議の時間を変えてみたらどうかと。

一之輔　まあ、俺は一日中、眠いけどね。でもさ、つまんないからあくびが出るってわけでもなし、そもそも、そんなに話がおもしろい人っている？

――むやみにはいないと思います。

一之輔　それに「会議って何だ」ってことでもありますよ。まあ、文字をまじまじと見つめれば「会って、議論する」ってことでしょうが。

――はい。一般的には、主にむずかしい問題について議論される場ですね。

一之輔　でしょ。だったら眠くなって当然だよね。でも、あくびが出るくらいのほうが、のんびりしてていいような気がするけどなあ。

——師匠は、よく会議にお出になるほうですか。

一之輔　出ないね。まず、むずかしい問題がないよ。打ち合わせってのはあるけど、会議はない。ここ何十年も出てないと思う、会議というものには。

——でも師匠、世の中を見渡せば「会議だらけ」です。

一之輔　そうなの？

——今日も会議で一日が終わったみたいなツイッターもよく見るし。無駄な会議をするなとか、会議は30分で終わらせろとかいう本も、探せば出てくると思います。

一之輔　会議に出てたら、仕事してる気になるんだろうね。時間も埋まるしさ。ま、そんなんだから眠くもなるんだろうけど。だから、いいじゃない。あくびするくらいの権利は、ゆるしてあげといたほうがいいと思うけど。おたがいのためにも。

——ですね。あくびの自由は死守したいところです。

一之輔　ひとりでしょ？

――え？

一之輔　その、あくびをしてるって同僚は。ひとりですよね？

――あ、はい。ひとりなんじゃないですかね、たぶん。

一之輔　たったひとりのあくびを、そんなに気にしててもしょうがないと思う。その場の全員があくびしはじめたら、そのときは「自分には何かあるな」と思ったほうがいい。

――なるほど（笑）。

一之輔　だから、「まだ早い」だよね。答えとしては。

――「たったひとりでは、まだ早い」（笑）。

一之輔　うん。その場の全員がウトウトし出したら、いよいよ心配しはじめたほうがいいかもしれないけど。

――それは、何らかの理由がありそうです（笑）。

一之輔　さらに全員が寝ちゃったら、その人、その会議に出てる場合じゃないよね。

――たしかに（笑）。

一之輔　その能力を、ぜんぜん別の場所で活かしたほうがいいと思う。寝かしつけのプロとか。

――ときに、落語の寄席というのは非常に心地よい空間で、ときたま近所から、ふわあ〜っと聞こえてくることもあるんです。

一之輔　ええ。

――舞台の上の師匠たちからも、わかりますか。その点。

一之輔　わかりますよ、そりゃ。一目瞭然にわかります。お客さんより高いところから見渡してるんだから。こっちが一生懸命にしゃべってるのに、あくびどころか、寝てる人だっていますよ。気持ちよさそうに。

――落語って気分がゆったりするから、眠くなるのもわかります。だから、たしかに、眠くなるかどうかって、話がおもしろいかどうかに関係ないですね。

その場の雰囲気がいいから、というか。

一之輔　この人、めちゃくちゃ「いい声」なんじゃないの。

――ああ、なるほど！　眠りを誘う、美声の持ち主。

一之輔　だって、ガーガーガチャガチャ言ってる人じゃ眠くならないでしょ。

――たしかに、それではウトウトできません。

一之輔　心地いい響きなんですよ。あくびを誘うほどの。

――話がつまらないのではなく、声がよかったのか。そう思えば「上向き」になりそうです。この「40歳・ウェブ編集者」さんのお気持ちも。

一之輔　ものは考えようだからね。

――ちなみに、落語家さんにとっての「声」って、どのようなものでしょう。

一之輔　声はねえ、大事だよ。楽器みたいなもんだから、噺家の身体っていうのは。一声二節《いちこえにふし》って言うくらいで。

――第一に声、第二に節回し。

一之輔　そう。「ああ、この人うまいんだけど、声がなあ」ってこと、あるしね。いい声という定義もむずかしいけど、ずっと聞いてて疲れないとか、それこそ「眠くなる」なんて声があったら、それは、その人にとっての「いい声」なんでしょうな。

――声って、生まれ持ったものじゃないですか。

一之輔　うん、基本はね。でも、しゃべってるうちに変わってくる。単純に歳を取ったら音域が狭く、つまり「低く」なってくるし。

――同じ古典を聞いていても、真打ちの方と若い前座の方とでは、話の印象もかなり変わってきますものね。あれ、きっと声のせいもありますよね。

一之輔　あるね。真打ちと前座では当然ちがうけど、落語好きの素人のおじさんと、はじめて3年目くらいの若いやつでも、もうちがう。なんだろう、それでお金を稼いでるかどうかってのが、声に出るんじゃない？

――そうなんですね。

一之輔　ただ「落語っぽく」しゃべってやろうなんて気になると、たちまちに緊張感が生まれてダメだよね。

――ああ、そうですか。落語っぽく、やろうとしちゃうと。

一之輔　ダメなんだなあ。今、自分が着物を着て正座してしゃべってるのがもう「落語」なんだから。いいんですよ、カタチなんてものはね、どうだって。

――なるほど。

一之輔　……なーんて心持ちでやれるのがいいって言うけど、自分もまだまだです。

――あ、その境地っていうのは、師匠にとっても、まだ先ですか。

一之輔　そこまでいったら、さぞ楽しいと思いますよ。落語も。

――楽しい。

一之輔　何にも考えずに滔々《とうとう》としゃべってるってのが、いちばん気持ちいいと思う。

――ちなみに師匠は、寝るのはお好きですか。

一之輔　好きだよ。寝るの。歳を取るにつれて、いろんな欲望が消えてなくなっていくけど、睡眠欲だけは薄まらないよね。

——ひとつ思ったのが、一日が終わって「さあ、寝るぞ」って瞬間、えらい幸せじゃないですか。

一之輔　うん。

——寝ているときには意識がないのに、寝ているときこそがいちばん幸せなのかと。つまり、生きるとは寝ることなのかと思うことがあって。

一之輔　わかる。夜中に目が覚めて「今、何時だ？　ああ、3時半か。まだちょっと寝れるな」って瞬間に、俺、いちばん「生きてる」って感じがするから。

——ああ、師匠もですか。やっぱり「眠り」というのは、大切なんですね。だとしたら「眠りを誘うような声」をしているというのは……。

一之輔　人助けにも近いよね。

——「寝る」とはちがうんですけどこのあいだ、新宿の末廣亭に行ったら、三笑亭可楽師匠が、途中で噺の続きをお忘れになったんですよ。

一之輔　ああ（笑）。

――でも、そのときの場の雰囲気がすごくよくて、「すいませんねえ、しばらくすれば出てくるから」なんておっしゃって、客席も、話の続きを、じっと待ってるんです。

一之輔　いいですねえ。

――先日、亡くなったボサノバのジョアン・ジルベルトにも「ステージの最中に寝た」という逸話があるみたいで……そのときも、みんなで起きるのを待っていたという。

一之輔　古今亭志ん生師匠も寝たよね。酔っぱらって高座上がって。で、そのときも、お客さんはじっと待ってたらしい。

――ええ。

一之輔　そこまでいったら最高ですよ。これ以上の「芸」はないと思う。

――話芸の究極のカタチ。

一之輔　だって、寝ている姿を見てるだけでいい……ってことですから。

（２０２０年3月18日　上野にて）

春風亭一之輔（しゅんぷうてい・いちのすけ）

２０１２年に単独21人抜きにて真打昇進。最もチケットが取れない落語家の一人と言われる。ハリのある声と抑揚の効いた表現で滑稽噺から人情話まで幅広く古典落語を演じ、また古典落語に現代的なギャグを盛り込むなど、常に進化し続ける落語がいちばんの魅力。年間約９００席もの高座に上がりながらテレビ、ラジオ、書籍、ＣＤなど幅広い分野で活躍中。

22/33

自分の職場が変だと思ったとき、どう変えていったらいいと思いますか。

●悩み

職場が楽しくてしかたない、という人がうらやましいですし、どうしたらそうなれるんだろうとも思います。そこで、自分の職場が変だ、おかしい、こう変えたいと思ったとき、自分や他人、環境を、どう変えていったらいいでしょうか。もし、経験談があったら、聞いてみたいです。教員として、学校現場で3年はたらいてきましたが、自分を変えることも、まわりを変えることも、だんだんしんどくなってきました。

（25歳・教員）

●答え

孤独にならないこと、仲間を探すこと。
ユーモアのちからを借りて、
みんなが乗れる、楽しい目標や
ストーリーをつくること。

中原 淳（人材開発、組織開発／立教大学教授）

答えた人

中原　この場合、大事なことがふたつ、あると思います。

――ぜひ、教えてください。

中原　まず「同じ船に乗ってくれる仲間」を見つけること。孤独になってしまうのが、いちばんよくない。組織のなかでどんなに声を上げようと「孤独」になったら、絶対に何にも変わらないです。

――なるほど。孤軍奮闘では、うまくいかないと。

中原　はい。「同じ船」で冒険してくれる仲間を探すことです。で、仲間を探すときには「ヨコ」と「タテ」の方向性があると思います。

――ヨコとタテ。

中原　まず、同僚ですね。つまり「水平方向」に仲間をつくること。

――それが、ヨコの仲間。

中原　そして、管理職です。つまり垂直方向にも仲間をつくる。これは、かなり大きいことです。

――タテつまり「上の人」に、わかってもらうこと？

中原　管理職を動かすことは「組織を変える」際には、きわめて重要です。英語では「マネージングアップ」とか「ボスマネジメント」とも言いますね。ようするに「自分と同じ船に乗ってくれる仲間」には「同僚・同期」と「上司・ボス」が必要だということです。水平方向と垂直方向の二正面作戦で、仲間を探しに行くのがいいと思います。

――なるほど。単なる「上下の衝突」になってしまわないためにも。

中原　そして、もうひとつの重要なこと。それは、職場が「変だ」と思っても、そのまま「変です」と言わないこと。職場とは、さまざまな利害関係が渦巻いている場です。「同じ船」に乗ってもらうためには、相手の利害や関心に応じて、自分の思いを「翻訳」しなくてはなりません。無駄に「変だ」と言ってしまうと、周囲の怒りや反感を買うだけになってしまいます。

――たしかに、そうなんでしょうね。

中原　その職場ではたらいてきた人たちにとって「ここ、変ですよ」なんて言われたら、自分自身を否定されているような気になるはず。そんなことをしたら「心理的な抵抗感」をうみだしてしまい、組織はもっと「頑な」になっていきます。

――言ってることは「正しい」かもしれないのに、聞き入れてもらえなくなってしまうと。

中原　自分が「正しい」と思うことを言うときほど、「相手の立場」に立っても「正しい」かを考えること。そして、職場のみんなが乗れる「あかるいストーリー」をつくってあげることが重要かなと思います。

――なるほど。あかるいストーリー。

中原　質問の方は教員だということですが、今、教育現場では「長時間労働」の問題が深刻なんです。学校の先生って「11時間40分」くらい、はたらいている地域もあるんですよ。

――え、平均で、ですか。

中原　そう。めちゃくちゃでしょう。平均ですから、当然、もっと長い日もある。

――それは、大変……。

中原　でも、そこで「こんなに労働時間が長いなんて、絶対におかしい！」と職員室で叫んだところで、むずかしいと思うんです。他の先生方を動かすことは。

――ええ。

中原　多くの先生方は、それまで、そうやって子どもたちと接してきたんです。そこには個人の思いや考え、過去の経験が積み重なっている。それを「変です」と言われても、素直には聞き入れられないと思います、ふつう。

――そう思います。

中原　そういうときにこそ「あかるいストーリー」が必要なんです。もし、労働時間を短縮したら「こんないいこと」が子どもにも、自分にも、学校にも起こるかもしれないという、ストーリーが。

――そのストーリーのもとで、ヨコとタテとに仲間を見つけにいくことから、はじめる。

中原　まず、はたらきかけるのは「タテ」でしょうね。管理職や、上の先生で、思いを共有できる人はいないでしょうか。そのうえで、彼や彼女を中心にして、何らかの取り組みをはじめることも一計です。基本は「できることから、無理せず、はじめる」じゃないでしょうか。

――できることから。

中原　最初から、あまりハードルを上げてもね。ほんの少しのことでいいから、はたらき方を見直す努力を、できるところからはじめる。目を三角にしながら怒りに震えて「労働時間、短縮！」ってシュプレヒコールを上げるよりも、仲間を増やしていくのがいいと思います。

――たしかに、マジメばっかりでは「乗っかりにくい」し、そこに「あかるいストーリー」があれば、乗っかれそうな気がします。

中原　組織を内部から変えるときって「心理戦」なんです。組織を変えるのは「人の心」を扱わなきゃならないんです。だから、むずかしい。

――組織というものは「そんなに急には変わらない」ものですか。

中原　急には、むずかしいでしょうね。組織というのは、もともと変わりにくいものですし、どんなにフレキシブルな組織でも自己変革にはそれなりの時間がかかります。今、トヨタさんが「クルマの会社」じゃなくて「モビリティカンパニー」になるんだって言ってますよね。

――ええ、テレビでCMもやってますね。

中原　社長の豊田章男さんが旗振り役ですけど、ものすごく苦労なさっていると思うんですよ。頭が下がります。組合との団交のときに「席次」を変えたりとか、中間管理職にはたらきかけたりとか。細かいチューニングを続けてらっしゃいますので。

――大きな組織の意思決定には、やはり時間がかかるんですね。

中原　組織というのは、ひとりでは達成できない目標に向かって、大勢のちからを合わせ、成し遂げるための集団ですよね。人が入れ替わったり、環境が変わったくらいで、簡単に変わっちゃダメな側面もあるんです。

――組織とは、そもそも「頑固」であると。人間って、簡単に現状を変えられないくらいには「保守的」だということでしょうか。

中原　組織の変革には、手間と時間がどうしてもかかります。だからこそ、みんなを巻き込んでいけるような「ぐっとくる目標」「あかるいゴール」が必要なんじゃないかな。

――孤軍奮闘に陥ることなく、水平方向と垂直方向に「仲間」を見つけ、あかるいゴールを掲げること。

中原　それでも変わらず、そのことに納得できないなら、みずから「居場所を変える」ことを考えたほうがいいかもしれないですね。

――職場を変えるということですね。ちなみに、先生が「学び」とか「人材開発」

の研究をはじめたのは、どうしてなんですか？

中原　誰もやってなかったからですね。そして、ぼくがやらないと、誰もやらない、とも思った。

——そうなんですか。じゃ、先生がはじめたんですか。

中原　人材開発という研究領域を立ち上げようと奮闘してきたことは、たしかです。人材開発という研究領域は「学び・教育」と「経営・組織」のちょうど中間にある研究。でも、そのどちらでもないんです。

——と言いますと？

中原　「学び・教育」の観点からすると「会社って、金儲けの場でしょ？　会社は、人の学びの場じゃないよね」と考える。他方で「経営・組織」の観点からすると「出入りの激しい人の学びに投資するくらいなら、人は変わったとしても回る組織をつくりだそう」と考える。

——なるほど。

中原　だから「人材開発」って、エアポケットみたいな領域だったんです。でも、新橋の飲み屋のサラリーマンの愚痴を聞いていていたら、たいがい「あいつはできる、あいつはできない」とか「仕事のスキルがうんぬん」みたいな、人材の話ばっかりなんですよ。

――そうかもしれない。

中原　つまり、はたらく人びとのイシューなのに、学術的なイシューになってなかったんです。

――そこで「人材開発」という学問領域を、立ち上げようとしたんですか。

中原　既存の学問分野の体系の下でやってく気が、あんまりなかったんでしょうね。新たな「領域」をつくっていこうと思っていました。それ以来「人材開発」や「組織開発」について研究してるんですが……今やっと「領域」としての認知が広まりつつあるところかな。

――じゃあ今、先生も「仲間を集めているところ」ですか。

中原　そうですね、そういう意味では。前の職場の東大でも、人材開発の研究者養成を行っていましたが、それを、さらに広めたかった。そこで、立教大学に昨年度から研究室のみんなで移籍し、研究をしています。立教大学は、リーダーシップ研究が盛んで「人」に関心のある方が多い印象を持ちます。2020年からは、人材開発・組織開発・リーダーシップ開発を行うことのできるプロフェッショナルを養成するための大学院コース「リーダーシップ開発コース」も立ち上がりました。

――つまり先生も、この質問に対する実践者のひとり、なわけですね。既存の大学教育にはなかった、新たな「学」を立ち上げつつあるという点で。

中原　だから「仲間を増やす」という意味では、まずは大学院生を育てて、いろんな視点から研究を盛り上げてもらうところから、はじめようと。その後、大学院に専門のコースもできたんですが、まあ、やっぱり、なかなか長い旅になりますね（笑）。

――先生のゼミに入りたい学生を増やすには「おもしろそうだな」と思われることが重要なんでしょうね、今日の話でいうと。

中原　今の新型コロナウィルスの感染拡大で、今年の学部ゼミは、すべて「オンライン」にしちゃいました。学生と相談して、彼らが動いてくれて、実現したんです。

――おお、すべて、ですか。

中原　それも、さっきの話と同じで「コロナウィルス感染拡大によって、教室に大勢で集まれません。なので、ゼミもオンラインでしか開催できません」と言ったって、ぜんぜん楽しそうじゃないですよね。

――後ろ向きですもんね。表現が。

中原　それじゃあ、誰も「乗ってくれない」です。だから「中原のゼミでは、すべてをオンラインでやることに挑戦します。そして、世界トップクラスのオンライン・ゼミを目指したいと思います」と言ってるんです。

――あかるいゴール！

中原　挑戦しがいのある目標、みんなが燃えるストーリーを掲げること。そういうことが、やっぱり、大切なんだろうなと思います。

（2020年3月31日　豊島区にて）

中原 淳（なかはら・じゅん）

立教大学 経営学部 教授。立教大学大学院 経営学研究科 リーダーシップ開発コース主査、立教大学経営学部リーダーシップ研究所 副所長などを兼任。博士（人間科学）。専門は人材開発論・組織開発論。北海道旭川市生まれ。東京大学教育学部卒業、大阪大学大学院 人間科学研究科、メディア教育開発センター（現・放送大学）、米国・マサチューセッツ工科大学客員研究員、東京大学講師・准教授等を経て、2017年−2019年まで立教大学経営学部ビジネスリーダーシッププログラム主査、2018年より立教大学教授（現職就任）。「大人の学びを科学する」をテーマに、企業・組織における人材開発・組織開発について研究している。単著（専門書）に「職場学習論」（東京大学出版会）、「経営学習論」（東京大学出版会）。一般書に「研修開発入門」「駆け出しマネジャーの成長戦略」「アルバイトパート採用育成入門」など、他共編著多数。研究の詳細は、Blog: NAKAHARA-LAB.NET（http://www.nakahara-lab.net/）。

Twitter ID: nakaharajun

民間企業の人材育成を研究活動の中心におきつつも、近年は、横浜市教育委員会との共同研究など、公共領域の人材育成についても、活動を広げている。一般社団法人 経営学習研究所 代表理事、特定非営利活動法人Educe Technologies 副代表理事、認定特定非営利活動法人カタリバ理事、認定特定非営利活動法人フローレンス理事、学校法人河合塾教育イノベーション本部研究顧問。

専門性：人材開発・組織開発、趣味：人材開発・組織開発、特技：人材開発・組織開発

はたらくことば――その⑩

その人の……音。あのね、その作家の文章の……、サウンド、うーん……。その作家の「音」……としかいえない。わたしは、翻訳を通じて、そういうものを探っているんだと思います。

メッテ・ホルム（翻訳家）

わたしは死に接する仕事をしています。
年々、死に対する気持ちが、
鈍ってきているように感じて心配です。

23／33

●悩み

勤務している施設では、多いときには月に数人、看取ることがあります。そのような環境に身を置いていると「死」に対しての気持ち、感情が鈍感になってきているように思えてなりません。同じように、仕事のなかで「死」と向き合うことのある方々は、どのような心持ちで仕事をしているのか知りたいです。

（25歳・介護職員）

●答え——

死には、慣れないですよ。
毎回しんどいです。
でも、悲しみを抱きながら
仕事のプロに徹することは、
きっとできます。

友森玲子（株式会社ミグノンプラン代表）

答えた人

友森　まじめそうな方ですね。

――ご自身、日々、死というものに触れるなかで「感情が鈍ってくる」ことをおそれているようです。

友森　わかります。わたしの場合は動物ですけど。今朝も一頭、看取ってきたんです。

――ああ、そうでしたか。

友森　死というものには日常的に接してはいるんですが、いつまでも「慣れない」です。毎回毎回、しんどい思いをしています。いまだに。

――友森さんほど、長くやっていても。

友森　慣れないですね。ただ、これまでたくさんの死と向き合ってきた経験から、たとえば「ああ、そろそろだな」ということは、わかるようになりました。「お別れのときが近づいているんだね」って。そうすると「心の準備」をすることができるんです。

――はい。

友森　質問の方もそうだと思うんですが、死に接すれば接するほど、スムーズに「やるべきことをやれるように」なります。それは、自分たちの職業としては、決して悪いことではないです。上手になる、ということは。

――でも、悲しいことには、変わりない。

友森　むしろ、死に対する悲しみは、年々、深まっていくように感じます。

――そういうものなんですね。

友森　だから、ご自身が「どういう人になりたいか」を、考えたらいいいんじゃないかな。

――どういう人。

友森　職業人として、いかに目の前の仕事をきちんとこなすか……つまり、亡くなっていく生命のくるしみを和らげるために、冷静に、たんたんと、やるべきことをやれる人になりたいと思ったら。

――はい。

友森　亡くなりつつある「本人」の気持ちに、感情移入するようにしたらいいと思います。

――本人の気持ちに。

友森　そうすることで、乱れそうになる心を、抑えられると思います。わたしは、そうなんです。死んでしまう瞬間って、わたし、いまだに少しおかしくなっちゃうんです。「もうダメだ、呼吸が止まっちゃうんだ」と思ったら「どうしよう、どうしよう」って、よけいなことをしそうになってしまう。

――よけいなこと、と言うと？

友森　静かに看取ってあげようと話してたのに「気管挿管」をしたくなってしまったり、無理やり心臓マッサージをしたくなってしまったり。死んでいくものに対する執着心が、うわーっとあふれてきてしまうんですね。

――その、死の訪れる瞬間には。

友森　本人は、そんなところで強引に蘇生されたら、よけいにくるしんでしまいます。

――そうしないためにも「亡くなる本人の気持ちに感情移入する」と。

友森　はい、そうすると「呼吸が辛そうだから、身体の向きを変えてあげよう」だとか、「最期、叫んだり暴れたりして身体をぶつけてしまうかもしれないから、タオルでくるんでおこう」だとか、目の前の出来事に対して冷静に向き合うことができるんです。もちろん悲しいことには変わりないんですけど、本人に感情移入することで、職業的に徹することができるというか。

――ええ。

友森　「お疲れさま」という気持ちで、看取ることができるというか。

――なるほど。

友森　そうじゃなくて、仕事ではあるけれども、自分も、その死を一緒に悲しみたい人になりたかったら、家族やまわりの人たちの気持ちに寄り添ってあげること。そうすれば、悲しみを感じながら、死を迎える仕事に当たることができると思うんです。

――なるほど。自分は、死に直面したとき、どういう人になりたいか。

友森　はい。

――「自分は、どういう人になりたいか」って、どの職業にも言えることかもしれないです。

友森　死を前にして、できるだけ心を安定させて、少しでもくるしみを取りのぞくために、冷静に事態に対処できる人になりたいのか。それとも、まわりの人の気持ちに寄り添って、悲しみをわかちあって、一緒に泣いてあげられる人になりたいのか。

――同じ人でも、その場その場の役割や立場によって、変わってきたりもしそうですね。

友森　どちらにしても「死」というものに対しては、慣れ切ってしまうことはないと思います。仕事を手際よく処理できるようにはなるけど、悲しみは変わらないかな。この先も、たぶん、わたし自身は。

――ひとつひとつの生命に、ひとつひとつの死ですものね。

友森　死に際して「パニック」に陥ってしまい、やらなきゃならないことができなくなってしまう。それが、いちばんダメなこと。だから、新人のときには、死に際して「いかに職業的に向きあうことができるか」を訓練するんです。この方は、そういうこともあって、死への感情が薄れてしまうと心配しているのかもしれないけど。

――ええ。

友森　いつでも「悲しみ」を心に抱きながら職業的なプロフェッショナルになることは、きっと、できると思いますよ。

――友森さんは、はじめて死に接したときのことを、覚えていますか。

友森　最初に動物を腕のなかで看取ったのは、小学校のときです。

――今のお仕事に就くずっと以前に、もう、その経験が。

友森　わたし、うさぎが大好きで、小学校の園芸飼育委員会に入っていたんです。4年生から入って、5年生で副委員長になって、6年生で委員長になって。小学校のころは、うさぎの世話にのめり込んでいたんです。

――そうなんですね。うさぎ。

友森　でもあるとき、飼育小屋の金網のすきまから猫が侵入して、一匹のうさぎのおなかを裂いちゃったんです。

――わあ……。

友森　サッカー部の男の子が見つけてくれたんだけど、内臓が外に出てしまっていて。瀕死の状態でした。すぐに先生がタオルにくるんでくれて、かかりつけの獣医さんに電話してくれて……。で、その獣医さんまで、その子を抱いて行ったんですね。

――友森さんが。

友森　はい。学校から歩いて数分のところだったんですけど、ガタガタ震えているうさぎを抱いて、だーっと走って行きたかったんだけど、大怪我をしているから……。

――ええ。

友森　そしたら途中、横断歩道で信号待ちをしているときに、うさぎの身体が急に強く突っ張ったんです。そして、おしっこがポタポタポタッて垂れてきた。そのときに、子どもながらに「ああ、今、死んだんだな」とわかった。

――ああ。

友森　もちろん悲しかったんですけど、尋常じゃない怪我を目の当たりにしていたから「助けたかったけど、無理やり生命を延ばすよりは、死んでよかったのかもしれない」って、そのときに思ったんです。

――今の友森さんのお考えにも、通じるような体験だったんですね。

友森　今にしてみれば、自分の腕のなかで、ああして生き物が死んだことは、とても大きなことだったと思います。「死ぬときには、あんなふうに硬直するんだ」とか、「おしっこが出るんだ」とか、「助かってほしかったってみんな言うけど、助けていたらどうなっていたんだろう」とか。子どもながらに、いろいろなことを理解したんだと思います。

——友森さんは「生と死」、みたいなことについては、何か思ったりしますか。

友森　よく、亡くなりつつある動物に、徹夜で付き添ってたりするんですね。そういうとき、他にすることもないんで「死ぬって、どういうことだろう」とか、ぼんやり考えていたりはしますよ。

——それは、答えの出ないような問いですよね。

友森　そうですね。ただ、たとえば「あの世」というものについては、わたしは、基本的に「死んだら終わり」だと思ってるんです。

——あ、ぼくもそんな感じです。

友森　でも、残された人にとっては「あの世は、ある」ってことにしといたほうが、いろいろ助かるんじゃないかと思う。つまり「肉体はなくなったけど、お空から見守っていてくれるから」って思えたほうが、なんだか、いいじゃないですか。

――そうですね、ほんとです。生きてる側にはたらきかけてくるようなものかもしれないですね、死って。

友森　そう思うことで、いつでも心を寄せられるというかな。

――自分は30歳くらいのときに父親を亡くしたんですが、それまで「死」に対しては「漠然とした不安」しかなかったんです。

友森　ええ。

――でも、父親が死んでこの世からいなくなって、天国か地獄かは知らないですけど「ここは別の場所へ行った」と思ったら、恐怖が薄れていくように感じました。死というものに「親しみが湧いた」と言ったら変ですけど「あっちに父親がいるんなら、まあ、いっか」と思えるようになったんです。

友森　うん。そういうこと、あると思う。動物たちの死が教えてくれたことっていっぱいあるし、わたしも、いつのまにか自分の死を考えるようになってきたので。

――ああ、そうですか。

友森　わたしはどう生きて、どう死んでいくんだろう……みたいなことを。

（2020年3月28日　北参道にて）

友森玲子（ともリ・りょうこ）
株式会社ミグノンプラン代表。幼稚園の頃よりペット業界に興味を持ち、小学校時代は飼育委員会に在籍しうさぎ達の世話に捧げた。動物看護師、トリマーとして動物病院に勤務後、2002年に犬猫のケアの店ペットサロンミグノンを開業。2007年より保護団体を設立し、2014年にペットサロン、動物病院、シェルターを運営する株式会社ミグノンプランを設立。現在に至る。

はたらくことば――その⓫

最初から印刷屋さんに出せなかったので、1枚1枚プリンターで出力して、「やった！売れたー！」みたいな。ポストカードのような少額の商品を、少しずつ買ってもらった積み重ねで、次の絵を描いたり、次の作品集をつくるためのお金ができて。で、その作品集が売れたら、次はどういう本がつくれるかなあと、また、考えることができる。その繰り返しで、やってきました。

junaida（画家）

悩み

ご主人が……？
最近変なの…
朝出て行って
いってきます!!
ただいま!!
夜帰って来るの…
それ…働いてるんじゃない？
そして月末にお金が振り込まれているの…

動物園

働きたい？
はい!!
パンダならウマくできそうな気がするんです!!

好きなことを仕事にしたとき、好きのままでいられますか。

24／33

●悩み――ぼくの父は売れない陶芸家です。父の影響で、ぼくも、ものづくりが大好きです。でも、父は人からお金をもらって粘土をこねるときは、ひどくつまらなそうにしています。就活を本格始動する前に、おうかがいしたいです。好きなことを仕事にしたとき、好きのままでいられるのでしょうか？

（20歳・大学生）

●答え

できるだけ
好きなことを仕事にしたほうが、
いいと思います。
ただし「好きなことだけ」に
とらわれないことも大事だと思います。

川村元気（映画プロデューサー／小説家）

答えた人

川村　学生時代、映画を年500本くらい観てたんです。映画館とレンタルビデオ屋に通って。

――ええ、何かで読んだことがあります。すごい数です。

川村　それくらい映画好きだったんですけど、就職活動のとき、ある先輩から「好きなことを仕事にしないほうがいい」と言われて。

――就活生へのアドバイスとして。

川村　そう。当時、先に社会に出た先輩の言葉だから、ちょっと真に受けたんです。「そうか、好きなことを仕事にしたら、お金の代わりに妥協して、嫌なことまでしなきゃならなくなるんだな、きっと」って。でも結局、映画業界に就職したんです。

――ええ、東宝に入社されました。

川村　結論から言わせてもらうと「好きなことを仕事にしたほうがいい」です。

――おお。

川村　平均して「1日8時間、週に5日」は「仕事」をしているわけです。学校を卒業して社会に出てから死ぬ直前まで、つまりは「生きている時間のほとんど」を「仕事」に費やしている。だとするならば、その「人生の大部分の時間」を「自分の好きなこと」に使わなかったら、なかなか大変だと思います。

――そのことに気づいたのは、いつごろですか？

川村　入社して早々ですね。

――映画の業界に入ってよかったと。

川村　はい。

――でも、これも有名なエピソードですが、最初は劇場の「モギリ」だったわけですよね。映画をプロデュースする仕事ではなく。

川村　ええ。

――そんなときに書いた企画書が企画部門の目に止まって、プロデューサーの道へ……という流れだと思うんですけど、モギリ時代に「やりたいこととはちがう」みたいな不満はなかったんですか。

川村　なかったです。当時は、ちょうど『千と千尋の神隠し』の公開直後で、大勢のお客さんが劇場へ詰めかけていた時期でした。

――２０００年代のはじめのころですね。

川村　だから、かなり忙しかったんですけど、すごく勉強になったので。映画というものは、どんな大作であろうとアート作品であろうと、「お客さんひとりひとりが払ってくれるお金で成り立っているんだ」ということを実感できたのも、そのときでしたし。

――やりたいこととはちがう現場でも「映画を学ぶ」ことができた。

川村　クリエイティブのほうにだけ顔を向けていたら、見失うことがあると思うんです。いったい誰のお金で、自分たちは映画をつくっているのか……とか。

――なるほど。

川村　もちろん、映画をつくるのは、直接的には「出資者の出したお金」です。でもそれも、お客さんが払ってくれる料金がなかったら成立しないんです。映画というのは、その積み重ねでできている。そのことを理解したときに、ようやく自分も「映画のプロ」になれたんだろうなと思います。

——やりたいと思っていなかった仕事でも「やってみたら、おもしろかった」ってこと、たくさんありますもんね。

川村　あくまで「企画・創作」に軸足を置いてさえいれば、それが「人から頼まれた仕事」なのか「自分でやりたかった仕事」なのかは、たいして重要じゃないと思います。ピカソも頼まれた絵をたくさん描いてるし、モーツァルトだって多くは依頼された曲ですよね。

——必ずしも「自分発」じゃなくたって、いいと。いったん「好きなこと」を軸にしたら、そこにとらわれすぎないことも重要なんですね。

川村　思いもよらない仕事を頼まれて「ああ、実は自分はこんなこともやりたかったのかあ」って気づかされることも多いです。

――川村さんは、そうやって、小説も、絵本も、音楽もやってこられたんですね。

川村　そうですね、だいたい「依頼された仕事」です。

――川村さんには『仕事。』というご著書があって、そこでは「インタビュアー」もやってらっしゃいますよね。

川村　あの本では「主に60歳以上」で「いまだに現役で楽しげに仕事をしてる方たち」に「20代、30代のころの仕事の話」を聞いて回ったんです。

――横尾忠則さん、宮崎駿さん、山田洋次さん、坂本龍一さん……そうそうたるラインナップです。

川村　糸井重里さんにも。詳しくは『仕事。』を読んでいただければと思うのですが、「ショートケーキの上にイチゴを乗せる仕事」という糸井さんの言葉には、非常に感銘を受けました。

――はい、その節はありがとうございました。

川村　全員に共通していたのは、どこかで「自分の運命を誰かに委ねている」ということ。鉄のような主体性をもって人生を決めてきたわけじゃなく、偶然の要素が、けっこう大きいんだなあと。

川村　はい。そこが、おもしろかったです。たまたま見たピカソの絵がきっかけでグラフィックデザイナーを辞め、画家に転身した横尾忠則さん。大河ドラマをクビになり、逃げた先の北海道でお酒を飲み倒して貯金残高「7万円」になったときに『北の国から』が書けたという倉本聰さん。横尾さんが「トラックにはねられて転んだ先に、新しい道が見つかるんだ」って言ってましたけど「まさに、それだよなあ」って最近、つくづく思います。

――ひとつ、表現方法のちがいというのは、創作にとって、やはり大きなファクターですか。

川村　細かく言えば「映像では表現できなかったけど、小説だったら伝えられる」とか、そういうことはあると思います。でも、つくり手が「世界をどう見ているか」のほうが、よっぽど重要です。「どう表現するか」という「手段」よりも「何に気づいているか」のほうが、断然。

――何に、気づいているか。それは、時代に対して。

川村　時代や人間、でしょうか。ぼくはそれを「気分」と呼んでいて、「気分」をそのつど、映画や小説や音楽などいろんな「手段」で表現してきたんだと思います。

――なるほど。川村さんの学生時代の話に戻るんですが、多いときには「年間500本」ってことは「一日2本」みたいな日も、けっこうあったってことですよね。

川村　それくらいのペースでしたね、実際。

――ただ「好き」というだけで、そんなに観れるものなんですか。何か「目標」というか「決意」みたいなものがなければ無理なんじゃないかと、ぼくなんかは思ってしまうのですが。

川村　まあ、本当に「ただ好き」ってだけだったんですが、あえて言えば「追いつきたかった」んです。

――追いつきたい……というのは、何に？

川村　映画の歴史に。ヒッチコックにしても、チャップリンにしても、歴代のカンヌやアカデミー作品にしても、時代を遡ってぜんぶ観ようと思ったら、年間100本とかのペースじゃ「追いつかない」と思ったんです。

――はあ……追いつきたいって思うことじたい、想像を超えてるなあ（笑）。

川村　まあ、若くて時間もあり余ってたし、当時はそんな気持ちで観てたんですけど、結局、自分のなかの「映画の文脈」みたいなものって、その時期に培われたと思っています。

――映画の文脈。

川村　たとえば、ヒッチコックの『めまい』は、どんなカット割りで、どこからどこまで音楽が鳴っていて、ジェームズ・スチュアートはどんな動きで、どんなセリフを……ということを覚えてるんです、ぼく。いちいち。

――覚えてるというのは、何度も繰り返し観たから？

川村　映画監督のクセや特徴をつかむのが、得意だったんだと思います。で、そのときの記憶で、今の仕事ができてるんです。25歳のときに『電車男』をつくったんですけど、映像の編集は最初から案外できました。ここからここまで音楽を入れようとか。

――そういうことって、ふつうは映画学校とかで学ぶものでしょうけど。

川村　技術として習得したものじゃなく、まずは「たくさん観てた」からできたことなんです、ぼくの場合。

――まさしく「好きこそものの上手なれ」ってやつですね。

川村　昔から「この場面で、自分の心が動いたのはなぜだろう」ということを気にしていたんです。俳優の芝居で動いたのか、音楽で動いたのか、カメラワークで動いたのか。そういうことを、無意識のうちに。そのことも、大きいかも。

——あの、話は変わるんですけど。

川村　ええ。

——川村さんは、「物語」とは、人間にとってなぜ必要なんだと思われますか。

川村　物語がないと、人は「理解できない」からじゃないですかね。

——理解。

川村　たとえば今、新型コロナウィルスが蔓延してますよね。ぼくらは日々、ニュースを見て、感染者の数字を見たり、識者の意見を聞いたり、政治家の会見を見たりしてますけど。

——ええ。

川村　そんなのだけでは、本当には理解できないと思うんです。でも、今のこの事態が「物語化」されたときに、はじめて「起こっていたのは、こういうことなのか」と腑に落ちる。

——つまり、物語とは、世界を理解するためのもの。

川村　『聖書』という「物語」は、その最たるものですよね。

——なるほど。最後に、川村さんの「次にやりたいこと」を、教えてください。

川村　自分は絶えず「新人になれる場所」を探してきたような気がします。あくまでホームグラウンドは「映画」なんですけど、そこで「自分の手癖」がついてきちゃったら、小説にチャレンジしてみたり、音楽をやってみたり。

——ええ。

川村　映画の分野でも「実写」に慣れが出てきたら「アニメ」に挑戦したり。フィールドが変わると、そのつど「勉強」せざるを得ないんですが、そうすることが、やっぱり楽しいんです。

——そうなんでしょうね。なんだか、わかります。

川村　で、次に「新人になれる場所」はどこだろうと考えたら……。

——ええ。

川村　アメリカと、中国。

——おお、リアルな「場所」というか、国。

川村　自分は、日本の映画業界では知られているかもしれないけど、ハリウッドでは「アジアからきた若造」にすぎない。いちいち「誰だこいつ？」からはじまるんです。それが今、おもしろくて。

——おもしろい、んですか。

川村　はい、おもしろいです。「舐められてんなあ、俺」ってところから、はじめられるので。

——おお。

川村　でも、武術で組み合ったときに、すぐ相手の実力がわかるのと同じように、打ち合わせをして数分で、「あ、こいつおもしろいな」と相手の反応が変わる瞬間があって。今は、それがおもしろくて仕方ないですね。

（2020年3月27日　有楽町にて）

川村元気（かわむら・げんき）
1979年生まれ。「告白」「悪人」「モテキ」「おおかみこどもの雨と雪」「君の名は。」「怒り」などの映画を製作。12年、初小説『世界から猫が消えたなら』を発表。米国、イギリス、フランス、ドイツ、中国、韓国、台湾などで出版され、全世界累計200万部を突破。18年、佐藤雅彦らと製作した初監督作品「どちらを（英題：Duality）」がカンヌ国際映画祭短編コンペティション部門に出品。著書として小説『四月になれば彼女は』『億男』『百花』『仕事。』など。

はたらくことば——その⑫

若者に夢を持てとかって、酷な話だなあと思うんです。そんなの持てるのならば持ちたいし、持てないから苦しんでるわけで。だからぼくは、簡単に「夢、夢」言うんじゃなくて、目の前の「ちいさな興味」に、三日坊主でいいから、まずは取り組んでみたらどうかと。本当に三日坊主で終わってもいいんです。いろいろためしていく過程で、「二十年坊主」や「三十年坊主」になるかもしれない何かに、いつか、出合えるかもしれないから。

小林快次（古生物学者）

25/33

仕事は楽しいし、子どもたちからも
「ボクも、その仕事をしたい」と言われるけど、
どんなにはたらいても、1日2300円。
認められるって、
いったいどういうことだろう。

●悩み

小学校の図書室ではたらいています。司書の資格も小中高の教職も持っているけれど、有償ボランティアです。正直、子どもたちにあこがれられていると思います。「ボクもなりたい！ ワタシもなりたい！」と言われます。でも、何時間はたらいても、1日2300円。これでは生活できません。専業主婦の、お気楽仕事。夫をはじめ、まわりにそう思われているのがわかります。でも、司書のプロとして、はたらいているつもりです。だけど「認められていない」ことに、心がザワザワしてしまいます。仕事は楽しくて、自分に向いているとも思うんだけど……。認められるって、いったい、どういうことでしょうか。（53歳・図書館司書）

●答え

自分を認めるのは他人じゃないです。
最後の最後、
自分を認めるのは自分だと思います。

幡野広志（写真家）

答えた人

――他人から認められること、言い換えれば「評価」って何だ……という話だと思うのですが。

幡野　ええ。

――子どもたちからはあこがれられているのに金銭的には報われず、そのせいで旦那さんからも「お気楽仕事」だと思われている。仕事自体は好きなのに「認められていない」ことが心に引っかかって、モヤモヤしてしまっているようです。

幡野　評価。うーん、何なんですかねえ。まあ、話の前提として「金銭的なものにつながらない仕事は、続けることができない」ということは、あると思うんですよ。

――そうですね、はい。

幡野　よく引き合いに出されるのは「アニメ業界」ですけど、給料は低いのに、アニメが好きな若者たちの「将来の夢」で成り立っている……みたいな構造。

――ええ。

幡野　同じように、子どもが大好きで保育園の先生になったのに、仕事が忙しかったり給料が安いせいで、自分自身の結婚や出産からは縁遠くなっちゃっている人も、いるみたいですよね。だから「やりたいこと」と「お金」の関係性って、やっぱり、しっかり考えなきゃならないと思う。まず、そのことがあった上で。

――はい。

幡野　評価とは何か……ですよね。むずかしい問題だなあ。

――写真家さんって、つねに「評価」というものにさらされているイメージなんですけど。

幡野　ああ、そうですね。そういうところは、あるかもしれない。その意味では、ひとつには「褒められること」じゃないですかね、評価って。わかりやすく、それを可視化したものが、ＳＮＳの「いいね！」だと思うんですけど。

――ああ、なるほど。

幡野　ぼく、子どもとバスに乗ったりコンビニで買い物をしたとき、運転手さんやレジの店員さんに「ありがとう」って言うようにしているんです。

――そうなんですか。

幡野　そうすると、やっぱり、運転手さんも店員さんも、うれしそうなんです。

――そうすると、こっちもうれしくなりますよね。うれしさの交換。

幡野　病院に行く機会が多いんですが、そこでも、なるべく意識して「ありがとう」って言うようにしています。そうすると、看護師さんはじめ医療従事者のみなさんも、やっぱり、うれしそうにしてくれる。だから「評価」って、本来「お金」とは別のところで成立するものなんだと思います。

――なるほど。金銭的な価値の交換とは、必ずしも関係ないもの。

幡野　そう。誰かに感謝されたり、誰かの役に立ったという実感だったり。

――そうか。幡野さんご自身は「評価」というものと、どんなふうにつきあってきたんですか？

幡野　さっきも話に出ましたけど、写真家とかカメラマンって「評価」が仕事に直結してるんです。

――ええ。評価があれば仕事が来るし、なければ来ない。

幡野　だからぼくも「評価」がほしかった、若いころは。喉から手が出るほど……といってもいいくらい。10年くらい前までは、評価されたくてされたくて仕方なかったと思います。

――それは、たとえば「何々の賞を獲りたい」とか。

幡野　そうですね。少しでも有名な賞を獲って、できるだけ大きな個展を開いて……。これから写真の仕事をしていく上でも、まずは「評価」されないと「次のチャンス」は、なかなか来ません。だから「評価」がほしかったんです。

――今は、どうですか。

幡野　正直、気にならなくなっちゃいました。それは、写真でも文章でも、あるていどの「評価」を得ることができたからかもしれません。そして、今になって思えば「評価」を気にしないほうが、圧倒的に「ラク」なんです。

幡野　たしかに。自由な感じがします。自分の心の状態としては。

――それに、仕事がもっと好きになった気もする。

幡野　あー、なるほど。

――しきりに評価を気にしていたころも、仕事は好きだった……と思うんです。でも、今ほど「楽しんで」いたかなあと思います。何かに追われてるような感覚があったから、つねに。

幡野　わかります。自分は何かの賞を獲った経験なんかないですが、それでも、長く仕事を続けていると、どんどん「評価」が気にならなくなってくる。

――そうですよね。30代いっぱいくらいまでは、どうしたら自分の立ち位置を確立できるか汲々としていて、そのぶん仕事も「窮屈」だった気がします。

幡野　うん。そういう感じ、あります。

――昔より気持ちが「ラク」なぶん、納得いくものができている気もしますし。

幡野　そのことは、ぼくも感じます。結局「評価」ばかり気にしていたときって、「はやく評価されなきゃ！」って「あせり」みたいなものが、仕事に出ちゃってるような気がします。

――この図書館司書の方は、まわりの子どもたちに「自分も司書になりたい！」って言われるくらいだから、いいお仕事をなさってるんだと思うんです。ご自身にとっても、まわりにとっても。

幡野　そうでしょうね。

――仕事は楽しいって、言えてもいるわけですし。

幡野　だから、そうだなあ。誰に評価されたいか……ってことなんじゃないかな。

――ああ、なるほど。

幡野　そう考えると、他でもない「子どもたち」に認められているんだから、まずは、そのことがすばらしいと思うんですよ。

――利用者である子どもたち以上に、小学校の図書館司書さんを「評価」できる人って、実はいないですもんね。

幡野　そうそう。その子どもたちに「あこがれられてる」わけだから。

――お給料が低い……つまり経済的に「評価」されていなくても、そのことで、旦那さんにも「評価」されていなくても。

幡野　うん、そのこと自体「すごいことですよ」って、言ってあげたいですね。その上で「誰に評価されたらいいのか」と考えたら……。

――はい。

幡野　最終的には「自分」じゃないかな、と思いました。

――おお。

幡野　さっき、ぼくが若いころに「評価されたい」と思ってたって話が出ましたけど、それって「他人から認められる」ことだったんですよ。

——ええ。

幡野　でも「評価」って、突き詰めて言えば「自分でするもの」だと思うんです。

——なるほど。

幡野　お金のことも、もちろん重要です。その「好きな仕事」を、続けられるかどうかを左右してしまうわけですから。

——そうですね。はい。

幡野　でも、何て言うんだろう……最後に「支えてくれる」のは「自分の評価」なんです。

——ああ……。

幡野　最終的には「自分の評価」だけが、よりどころになると思います。

——とってもわかります。

幡野　ぼくもね、写真を撮って人に見せたり、文章を書いて人に読んでもらったりしてますけど、よく考えたら、それって、けっこう「恥ずかしいこと」だと思うんですよ。

――たしかに。

幡野　ぼくのところに写真を見てほしいって来る若者も、どこか恥ずかしそうにしてますし。

――はい。気持ちはわかります。

幡野　たいてい「プロの方に見せるのは……」という言葉からはじまるんですけど、自分のうみだした何かを見せるって、そうとう「恥ずかしい」んです。だから、自分で「恥ずかしくない」と思えるものを出していくしかない。

――なるほど。

幡野　自分で「これなら、大丈夫だ」と評価できるものを。

――幡野さんが、自分で自分を認められるようになったのは、いつくらいですか。

幡野　30歳をすぎてからでしょうね。少なくとも。

――じゃ、10年くらいは写真家をやって、ようやくって感じで。

幡野　はい。他人の評価を気にしていても意味ないなと思うきっかけが、何度かあって。それから「自分の評価」を軸にするようになりました。

――他人の評価はそうでもないけど、自分では「いいな」と思えるものができるようになったってことですか。

幡野　いや、むしろ逆です。自分がいいと思っていない仕事で、高い「評価」を受けたことが何度か続いて。そのことで、ちょっと苦しい時期があったんです。

――なるほど。自分を認めてやれるのは、他人でもないし、お金でもない。

幡野　そう。

――自分の仕事に、納得できるかどうか。この話は「誇り」という言葉にも関わってきそうですね。

幡野　自分に対する、自分の評価。最終的には、そこを「よりどころ」にできたらいいいんじゃないかなと思います。

（2020年4月27日　世田谷区↑ZOOM↓東京都のどこか）

幡野広志（はたの・ひろし）

1983年、東京生まれ。2010年広告写真家高崎勉氏に師事。「海上遺跡」でNikon Juna21受賞。2011年、独立・結婚。2012年、エプソンフォトグランプリ入賞。狩猟免許取得。2016年、息子誕生。2017年、多発性骨髄腫を発病し、現在に至る。近著に『なんで僕に聞くんだろう。』（幻冬舎）、写真集『写真集』（ほぼ日）。

はたらくことば——その⑬

（病気のために）それまで、はたらいたことがなかったんです。だから、好きな「五行歌」も「仕事でやる」となると、ぜんぜんちがうことでした。ちょっと身体が大変でも、仕事を優先しなければならないこともありました。「なんとしても、答えを出さなきゃならない」という経験は「仕事」とか「はたらく」ならでは、ですね。

岩崎航（詩人）

どこまでを「叱る」というのでしょうか。

26/33

●悩み

1社目では、叱られることを前向きに受け止めていました。でも、転職先では「叱られ方」が合わず、再転職活動中です。叱られているというよりも、心をぶたれているような感覚になってしまうのです。自分は「好き嫌い」を含めたら「叱る」じゃなくなると思うのですが、それを「叱る」とする人もいます。人を「叱る」というのは、どういうことなのでしょうか。

（32歳・会社員）

●答え

感情的になったら、叱りません。
相手との間に信頼があって、
相手の成長につながると思えたときに
「冷静に叱る」ことはあります。

鴻上尚史（作家／演出家）

答えた人

鴻上　ああ、叱る。なるほどね。

――舞台や演劇の稽古の場って、厳しいところなんだろうなというイメージがあるんです。灰皿が飛んでくる……みたいな。

鴻上　それは、蜷川（幸雄）さんの「伝説」ですよね（笑）。ぼくが演出家として気をつけていることは「感情的になったときは、叱らない」です。

――あ、つまり「怒ったときほど、叱らない」んですか。

鴻上　そう。「感情的になったときには、叱ってはいけない」と思っています。もう、40年くらい演出家をやってますから、昔は、ぼくに「ボロクソに叱られた」って人もいると思うんだけど、いや若かったので、申し訳ない。今の自分のルールとしては「怒ったときほど、叱らない」ですね。

――その理由を教えてください。

鴻上　感情的になっている状態では、自分の「言葉」をコントロールできなくなってしまうからです。単に腹立たしいのを発散して終わっちゃうおそれがある。

だから「きついことを言って叱る」、そういう場面があるとしたら、それは「相手が成長したり、伸びたりする」ために有効だと思えるときだけでしょうね。

――それくらい理性的な判断ができるときにだけ、叱る。

鴻上　重要なのは、そこに「信頼」があるかどうかだと思います。ぼくも若いころ、どんなに叱られても「この人と自分はつながってるんだ」と思えた場合には、理不尽に感じるということはなかったので。

――信頼していない人から怒鳴られたりしたら、それは、ちょっと厳しいですよね。相談者の方も、今、そういう状態なのかもしれないです。

鴻上　ぼくは、「第三舞台」という劇団を22歳のときにつくったんですが、初期のメンバーには「いまだに、鴻上に怒鳴られている夢を見る」とか言われるんですね（笑）。

――おお（笑）。

鴻上　まあ、当時は若かったし、よく大きな声で怒鳴っていたと思います。でも、総勢10人足らずのメンバーが、みんな「この劇団で天下を取るんだ」と思っていたから、その関係が成立していたんだろうと思います。自分たちで言うのもなんだけど、たがいの信頼関係は、とても強いものがあったから。

――なるほど。

鴻上　逆に言えば、信頼関係がなければ崩壊していたと思いますよ。実際に、そんなことでダメになってしまう劇団なんて、星の数ほどあると思いますし。

――そうなんでしょうね。

鴻上　まあ、昔は演出家が新人を厳しく叱った場合、先輩の役者がフォローに回ってくれたりしたんです。酒の席に誘ったりして「あの人は、期待しているやつほど怒鳴るんだ」みたいなことを言ってね。そうやって、全体が成り立っていたところはあります。

――共同体の、ある種の自己修復機能みたいな。

鴻上　でも今は、そのへんの考え方も変わってきてますし、もう「厳しく叱る」ということ自体、たいして有効な手立てじゃなくなってきてると思います。

——そういう時代に、鴻上さんが何かを伝えたいと思った場合、どういう方法を取っているんですか。

鴻上　ぼくは「どうして、そうしてほしいのか」ということを伝えようとしています。つまり「叱る」場合って、どうしても「どうして、そうしてはいけないのか」という話になっちゃいがちじゃないですか。

——なるほど。さらに「感情的」になっていたら、言い方も「ただの一方的な禁止」になってしまいそうですね。

鴻上　だから、そうじゃなくて「どうして、そうしてほしいのか」を、わかってもらおうとつとめています。相手も「どうして、こんなことを言われているのか」わかったほうが「納得感」があるんじゃないかな。若いころの自分も、そうだったんで。

——納得感。必要ですね、叱られたときには、とくに。

鴻上　自分のために言ってくれているのか、機嫌が悪くてストレスを発散したいだけなのか。それは、言われている側には、簡単にわかりますもんね。

――はい、そう思います。

鴻上　逆に言えば、冷静に、きちんと、論理的に叱ってくれるなら、素直に受け入れられるんだと思います。「俺のために言ってくれているんだな」ということが伝わるし、「ありがたいな」と思えるでしょうね。

――鴻上さんが、誰かに叱られて「ありがたい」と思ったエピソードって、何かありますか。

鴻上　そうですね、どうだろうなあ。……ああ、昔ラジオの「オールナイトニッポン」をやっていたときにね。

――あ、はい。

鴻上　当時は、まだ24歳か25歳くらいだったんですけど、当時のディレクターさんに言われたことがありまして。

——ええ。

鴻上　その人に楽しんでもらおうと思って、あるとき、誰かの悪口みたいなことを、打ち合わせのときに、おかしげにしゃべったことがあるんです。そしたらすぐに「鴻上、俺は、こういう話をおまえの口から聞きたくないから」って。

——そうなんですか。ラジオ、しかも深夜帯の打ち合わせだったら、わりとゆるされそうな感じもしますけど。

鴻上　でも、そのときは「誰かの悪口なんか、言わないでほしい」って。それは、今思うと、ありがたかったなあって思います。

——どうしてですか。

鴻上　結局、本気じゃなくて「軽口気分」だったんですよ。覚悟のない、適当な。「こんなこと言えば、スタッフはよろこんでくれるかな」くらいの。そうやって中途半端に何か言っても、それは建設的な批判でもなんでもなくて、本当に「ただの悪口」にすぎない。その場では、笑いを取れるかもしれないけど。

――ええ。

鴻上　のちのち、嫌な気持ちしか残らないんです。だから、あのときの忠告は、本当にありがたかったなあって思います。

――あの、冒頭にもちょっと触れましたが、劇団の稽古の現場の「よくあるイメージ」として「灰皿が飛んで来る」みたいなのが、あるじゃないですか。

鴻上　ええ。蜷川さんのね（笑）。

――そうすることの理由が、あったってことですよね、つまり。

鴻上　そのことについては、以前ご本人に聞いたことがあります。蜷川さんも、ぼくたちと同じように、仲間を集めて芝居をはじめた人なんです。そこには「みんなでいいものをつくろう」という、無条件の熱があるものなんです。

――いわゆる「小劇場」の演劇には。なるほど。

鴻上　でも、あるときに、その蜷川さんが「商業演劇」に呼ばれた。それまでの仲間たちからは非難轟々だったらしいけど。

――ああ、そうなんですか。

鴻上　たしか、演目はシェイクスピアの「ロミオとジュリエット」だったんですが、乱闘シーンの立稽古のときに、群衆役の役者たちがサンダルとかスリッパだったそうなんです。あるいは、サングラスをかけたままだったりとか。

――つまり「ケンカ」できないような格好だったと。

鴻上　14世紀のイタリアで、そんなケンカがあるかって。つまり「本番でちゃんとやりゃあいいんでしょ」みたいな態度が見え見えだったらしいんです。そのことに対して、蜷川さんは「ポーズ」も含めて「怒った」んです。灰皿を投げつけたとか伝説のように語られますけど、ご本人は、かなり「冷静」だったと思いますよ。

――なるほど。高校時代は野球部だったんで「当たらないように投げた」みたいなことを、どこかでおっしゃってもいた気がします。

鴻上　だから「冷静に、戦略的に、怒鳴る」のなら、ありかもしれませんね。

――柄本佑さんにインタビューさせていただいたとき、弟の柄本時生さんとの「ふたり芝居」を、お父さまの柄本明さんが演出されたときのことが話に出まして。

鴻上　ありましたね。

――なんでも、柄本明さんも昔は「怒鳴っていた」らしいんですが、今は、そうでもないと。で、怒鳴るときは「戦略的に、あえて」怒鳴っているみたいだと、おっしゃっていました。

鴻上　あたまは冷静なんでしょう。「このへんで喝を入れておこうか」みたいな理性でやっている。まあ、ぼくはもう怒鳴りませんが。

――ご質問の方の具体的なシチュエーションはわからないのですが、「叱られる」というよりは「心をぶたれる」と感じてしまっている時点で……。

鴻上　まったく「ダメな叱り方」でしょうね。ただただ、感情に任せて怒っているだけ。やっぱり「相手に成長してほしい」とか「変わってほしい」という気持ちと戦略がなければ、なんら生産的じゃないと思います。

——叱るほうにしても、気持ちを入れて「叱る」のって、エネルギーが必要でしょうし。

鴻上　大変ですよ。「ここは、ちゃんと叱っておくか」なんて思ったら、ひと仕事です。気持ちも疲れるし、精神のバランスも崩れそうになるし。こっちだって、できれば叱りたくなんかないわけだから（笑）。

——そう思うと「きちんと叱ってもらえた」という経験は、あらためて、ありがたいことですね。

鴻上　そうですね。やはり、今ぼくに「叱る理由」があるとしたら、それは、仕事に対する態度に勘違いがあったり、仕事を「舐めて」しまっていたりするときかな。そういうときは、怒鳴りはしませんが、苦言を呈することはあるかもしれません。

——あ、演技の技術的なことではなくて。

鴻上　そうですね。ぼくは、どっちかっていうと、こちらの言うとおりに芝居してもらっても、あんまりおもしろいと思えない演出家なんです。表現したいのはこういうことだと伝えたら、あとは、自分のあたまで考えて動いてほしいんです。

――スポーツの世界でも、そういうタイプの監督さん、いそうですね。

鴻上　うん、厳しく管理するんじゃなく、相手を信頼して任せるというか。結果として、こちらの予想をはるかに超えて「いい芝居」をしてもらえたら、それこそ演出家冥利に尽きると思っているので。

――じゃあ、叱ることがあるとすれば「演技以前の問題」が多い。

鴻上　ある意味「技術論」になったら、そこに「絶対的に正しい答え」はないでしょう。でも、仕事に対する姿勢については「こうしたほうがいい」というアドバイスはあると思います。

――なるほど。

鴻上　だからこそ、そこを指摘するときには「たがいの信頼関係」が前提なんだろうなと思います。

（2020年3月27日　高田馬場にて）

鴻上尚史（こうかみ・しょうじ）
作家・演出家。愛媛県生まれ。早稲田大学法学部出身。1981年に劇団「第三舞台」を結成し、以降、作・演出を手がける。現在はプロデュースユニット「KOKAMI@network」と若手俳優を集め旗揚げした「虚構の劇団」での作・演出が活動の中心。これまで紀伊國屋演劇賞、岸田國士戯曲賞、読売文学賞など受賞。舞台公演の他には、エッセイスト、小説家、テレビ番組司会、ラジオ・パーソナリティ、映画監督など幅広く活動。また、俳優育成のためのワークショップや講義も精力的に行うほか、表現、演技、演出などに関する書籍を多数発表している。桐朋学園芸術短期大学特別招聘教授。

人前で話すのが苦手です。

27／33

●悩み——人前で緊張してしまう性格です。とくにプレゼンの場など、クライアントやえらい人たちの前で話す機会があると、あたふたしてしまい、事前に考えていたことの半分も言えません。少しでも突っ込まれるとグダグダになってしまい、深い自己嫌悪に陥ります。たとえば、人前で話すようなお仕事の方は、どういう工夫や努力をしているのでしょうか？　そもそも、人前で話す仕事の人は、そういうことが得意な人ばかりなのでしょうか。だとしたら、今の仕事は自分には向いていないとさえ思ってしまいます。

（25歳・広告企画）

●答え――

「人前で話すのが苦手な人」って、
「怖さ」を知っている人。
「何が足りないか」を考え続けられる、
「すごい人」だと思います。

山里亮太（南海キャンディーズ）

答えた人

山里　この方、「人前で話すのが苦手です」って、「だから自分はダメ」みたいにおっしゃってますけど。

――ええ、自信をなくしているようですね。

山里　ぼくは「人前で話すのが苦手な人」って、ある意味「すごい人」だと思ってるんです。

――えっ……すごい人。

山里　はい。

――どうしてですか。

山里　だって見方を変えれば、めちゃくちゃ「繊細な人」だからです。この方、「自分がこう言ったら、その場の人たちはどう思うだろう」みたいなことを、とてつもない量で考えてるんだと思うんです。

――なるほど！

山里　そんなつもりないかもしれませんが、その場全体を俯瞰でとらえたり、相手の立場に立って考えたり、そんなことをいちいちやってるんだと思います。そういう人だからこそ「人前で話すことに苦手になれる」んじゃないかと。

――「苦手になれる」って、新鮮な響きですね。

山里　人の気持ちを慮ったり、自分の意見を引いて眺めたり。客観視のセンスに長けているというか。そういう人であればあるほど「人前で話す」のは、苦手になりますよね。

――たしかに、そうかもしれません。

山里　だって、なんかホラ、逆に「得意な人」っているじゃないですか。めちゃくちゃ堂々とプレゼンしてくる人。

――ええ。映画のなかのアメリカの大統領みたいな。

山里　そういう人のほうが、ちょっと……みたいな気持ちになること、ないっスか？

――自信満々すぎて、逆に信用ならない感じ(笑)。

山里　そうそう。ぼくは、そういう人より「人前で話すのが苦手で……」って一生懸命に話してくれる人のほうが、好感が持てますけどね。

――ああ、人としての好感。わかります。

山里　同じようなことを、昔……「いいとも」をやらせてもらってたとき、タモリさんに言われたことがあるんです。「人見知りって、すごい才能なんだよ」って。

――わあ、そうなんですか。

山里　はい。「何よりもまず、まわりの人がどう思うかを考える優しい人が、人見知りなんだ」って、タモさんが。

――へええ、優しい人。

山里　うん。で、あるならば「人見知り」は「弱点」じゃなく、むしろ「武器」だと思ったほうがいい。つまり「そう思うのなら、じゃあ、自分は何をしたらいいんだろう?」ということを、瞬時に考えて実行できる人が、この業界で売れてる人なんだ……って教えてくださったんです。

――「人見知り」とは「考えまくってる人」でもあると。

山里　そう。この「人前で話すことが苦手」な人も、同じだと思うんです。最後の最後まで「この企画、おもしろくないかも」って気をもんでいて、ずーっと「何が足りてないのか」を考えまくっていて、人前に立つ直前まで「細かいチューニング」をし続けられる人。

――そういう人だからこそ「人前で話すのが苦手」だと。山里さんご自身は、どうですか。

山里　ぼくも得意じゃないですよ、人前は。めちゃくちゃ人の顔色を見るタイプですし。

――あ、そうですか。

山里　だからいつも反省ばっかりしてるんです。あの返しダメだったなあとか、あの人のコメント、どういう意味だったんだろうとか。まあまあ、ウジウジしてます。でも、そこで「だから自分はダメなんだ」じゃなくて「じゃあ、次はどうしたらいいだろう？」と自分に問いかけることで「燃料」にしている感じです。

――なるほど。つまり「反省できる人」でもあるんですね。

山里　あ、そう言えるかもしれないですね。

――でも、そういう部分って、人前に出るお仕事をはじめても「直る」ようなものじゃないんですか。

山里　ぜんぜんですね。ずーっと緊張してます。

――はー……そういうものですか。

山里　ライブとか、これまでに何百本やらしてもらったんだって感じですけど、いまだにガッチガチに緊張してます。それどころか、出番直前にイヤになることさえありますから、正直。でも、それでも、いっぱいいっぱいでやった結果、お客さんが笑ってくれたり、よろこんでくれたときのうれしさがあるから。

――また次も、人前に立って、しゃべってらっしゃる。

山里　その繰り返しです。

――どんな仕事でも、長く続けていると「慣れ」が出てくると思うんです。それでも「緊張感、ドキドキ感」は、いまだに。

山里　ありますねえ。これも、タモさんに教わったことなんですけど。

――ええ。

山里　「緊張できる場所があるって、幸せなことだぞ」って。

――わあ、すごい。ほんとだ！

山里　だって、緊張しない仕事じゃ本気になれないし、事前の準備だってたいしてやらないでしょ。それで「ハイ、一丁上がり」って数だけこなしていっても、そんなつまんない仕事ないですよ。

――わかります。

山里　反対に、緊張のおかげで、念入りに準備して、台本も読み込んで、ギリギリな感じで現場に立つときのほうが、結局やってて楽しいんです。

——自分も、今のこの仕事で合計「33人」に取材しなきゃなんないので、毎日毎日「こわい目」にあってるんです（笑）。

山里　えっ、ああ、そうなんですか？

——いや、つまり「こわい」というのは「緊張」という意味なんですが、それがないと、仕事が「ぬるく」なっちゃう気がします。おっしゃるように。

山里　そう、そうだと思いますよ。ほんとに。だから、人前が苦手とか、緊張するとか、怖いとか、そうやってちゃんと思える人の仕事って、やっぱり、ちゃんとしてるんじゃないかなあ。

——あの、山里さんって、たくさんノートを書かれてるじゃないですか。

山里　はい。

——そのことも、今の話に関係してると思いますか。

山里　ああ、あれも自分に自信がないからやってるんで、そうかもしれない。

――自分に自信がないんですか。

山里　ないですよ。

――そうなんですね、そういうもんかあ。

山里　ないです。だから「ノートをつける」ことで「自信のなさ」を埋めてるんです。

――はあ。

山里　どうにかこうにか、つじつまを合わせてます。自分はもともと、いろいろ上手にできるタイプじゃないので、つねに襲ってくる「できない、向いてない、不安だ……」という気持ちを抑えるために、やってることなんです。

――ノートを続けて、よかったなあと思うことって、何ですか。

山里　ほんの少しですが「本番の緊張」を和らげてくれたり、本当に失敗したときに、立ち直る助けになってくれたりとか。

――書きはじめたのは、いつからですか。

山里　この世界に入ってすぐ、くらいですかね。養成所のころからやってるんで。

――じゃあ、もう「20年」くらい。でも、逆に言うと、ノートをとったり、文章を書くのが好きだったりしたわけでは……。

山里　ないです。ぜんぜん。ノートに限らずですけど、何かが好きになれる人って、それだけで天才だと思いますし。

――天才。

山里　つまり「努力」じゃなくて「好き」で行動できる人というか。

――ああ、好きは天才。なるほど。

山里　ぼくは、それができない「凡人」なんです。でも「好き」ではできないけど「努力」で続けさえすれば、結果的には「天才」と同じところに立てるかもしれないと。

――おお。

山里　信じて。というか、自分に言い聞かせて（笑）。

——『天才はあきらめた』というご著書もありますね。

山里　そう、あきらめたんですよ。だから、足りないところは「続けること」で埋めるしかない。ノートをつけることって、ある意味で「逃げない」ための行為なのかもしれないです、自分にとっては。

——それで、妄想で日記をつけたりとか……。

山里　そう、そのなかで、ありえない芸能人とデートしたりしてました（笑）。

——山里さんって、これから、キャリアとしても年齢としても「中堅」に差し掛かってくるわけですよね。

山里　そうなんでしょうね。もう、そろそろ。

——今みたいな相談を、若手芸人の方から持ちかけられるケースも出てくるんじゃないですか。

山里　はあ〜。どうかなあ。ないんじゃないスか？（笑）

——でも、かつての山里さんがタモリさんに教わったように、今の山里さんのお

山里　話は、いろいろ悩んでいる若い人に、すごく響くと思うんですよ。あ、そうですかね。でも、若手には悩んで困って滅んでほしいんで、何もしないですね（笑）。

（2020年3月25日　渋谷・神南にて）

山里亮太（やまさと・りょうた）
お笑い芸人。1977年、千葉県出身。1999年、NSC大阪校22期生。通称、山ちゃん。関西大学文学部卒。南海キャンディーズのツッコミ担当として活躍しながら、司会者、ナレーター、ラジオパーソナリティ、著述業など、幅広い分野で活躍。著書に『天才はあきらめた』（朝日文庫）山里亮太短編妄想小説集「あのコの夢を見たんです。」（東京ニュース通信社）など。

はたらくことば――その⑭

今は、すべてが歌うためにある。自分の一部が歌手なんじゃなくて、歌のほうに、自分が、わぁっと膨らんでいくような感覚。「わたしが歌う」のか、「歌がわたし」なのか、今は、よくわかんなくなってます。

神野美伽（演歌歌手）

28/33

自分の仕事に誇りが持てません。

●悩み

誰に押しつけられたわけでもなく、みずから望んで、資格まで取って就いた仕事に、誇りが持てません。理想と現実のちがいと言ってしまっては簡単なのですが、学校を卒業して、今の仕事をはじめたときの気持ちを忘れてしまいました。そういう人って、多いんでしょうか。そういうとき、どうしたらいいんでしょうか。不満たらたらなのに、仕事を変えようという気持ちも湧いてきません。

（37歳・薬剤師）

●答え

大丈夫、
誇りなんて簡単に持てませんよ。
行き詰まって悩むのは当たり前。
自問自答の数が、
人を成長させると思う。

小田豊（六花亭亭主）

答えた人

小田　これね、行き詰まるのは当たり前です。

——と、おっしゃいますと。

小田　薬剤師さんというのは、患者が持ってきた処方箋のとおりに、まちがいのないように薬を調合したり、錠剤を小袋に詰めたりするお仕事でしょう。

——そうですね。

小田　社会的な立場もあるし、緊張感もあるだろうし、やりがいだってあったんだと思いますよ。薬剤師になりたての、最初のうちはね。

——はい、最初のうちは。

小田　37歳ということは、仕事をはじめて10年以上は経ってますよね。きっと、もう仕事にすっかり慣れて、緊張感も薄らいで、「ロボット」になっちゃってるんだと思う。単純作業を繰り返しているだけの「ロボット」に。

——なるほど……。

小田　自分の仕事に行き詰まって、こんなことでいいんだろうかと考え込むのは、ある意味で「当たり前」なんですよ。ぼくは、この年になって思うのはね、人生というのは、いかに自分と「問答」を続けることができるかだなあと。

――問答、ですか。

小田　そう。自問自答。考えない人には、成長はない。「自分の仕事に対する取り組みは、こんなことでいいんだろうか」って「自問自答」を繰り返すことで成長していくんですよ。うちの社員を見ててもね、そう。

――みずからに問い、どう答えるか。

小田　たとえば、あこがれのエアラインに入社しましたと。最初は「やった、うれしい、がんばろう!」と目を輝かせていた人が、すっかりルーティンに慣れちゃった。毎日毎日、お客から航空券を受け取っては「ピーッ、いってらっしゃいませ」「ピーッ、いってらっしゃいませ」……で、「あれ、思っていたのと、なんかちがうな」って。

――きっと、よくあることですよね。どんな仕事をしていても。

小田　じゃあ、すっかり「退屈」してるのに、なぜ続けているのか。それは「有名な航空会社だから」という世間体。それだけのことだったりして。

――ああ……。

小田　そうやってみんな、悩んじゃうんだけど、でもそれは、ある意味で当然のことでさ。人間、真摯に生きていこうとすれば、何やら考えざるを得ないんですよ。そして、自分に対する問いを立てない限り、その状況から抜け出すことは難しい。

――悩んでしまったら、どうしたらいいでしょうか。

小田　それは人それぞれだから、何とも言えないんだけどさ、薬剤師さんならお薬を渡すときにかける一言を、ちょっとちがえてみるとかね。そういう些細なところからしか、変わっていくことはできないんじゃないですか。

――なるほど。

小田　あるいは、目の前だけじゃなく、まわりを見渡すこと。となりでイキイキはたらいている同僚がいる、自分と同じ仕事をしているのになぜだろうって気づくことも、あるだろうし。

——小田さんは、慶應大学を出たあとは、たしか鶴屋吉信さんで修行されていたんですよね。

小田　そうです。3年間、お世話になりました。

——そのとき、自分は将来、六花亭というお菓子の会社を引き継いでいくんだという、ある種の「意気」だとか「誇り」みたいな気持ちは……。

小田　意気でも誇りでもなく、使命感だった。だって、まわりの仲間が医者とか弁護士を目指すときに、自分は正直「菓子屋の息子か」って思ってたから。

——そうなんですか。

小田　でも、そんな思いを見透かしたように、親父から「医者や弁護士になりたいと思ってるかもしれないけど、世の中にはな、ラクな仕事なんかひとつたりともねぇからな」って言われたんです。

――わあ。

小田　ただね、そういう「使命感」というのは、ラクなんですよ。限られた期間に何を身につけられるかという、具体的な目標がありますから。

――なるほど。

小田　でも、この人もそうだと思うけど、そういう「至近目標」をクリアしたあとの、そこからがむずかしい。人生というものは。

――勉強をして試験に合格して、晴れて薬剤師になって、仕事にも慣れた「そのあと」が。

小田　そこで自問自答なんです。そこからは、自分に対する問答の数だけ、人は成長していく。「自分の仕事は、これでいいのか」「こんな毎日でいいのか」ってね。

――どういう答えを出しても、いいんでしょうか。

小田　いいんじゃないの、それは。答えそのものより「考える」ことのほうが重要なんだから。

――なるほど。

小田　行き詰まるんですよ、だいたい。それは、ちゃんと生きてる証拠ですよ。悩んで困って考えて、誇りなんて、それからですよ。

――誇りを持つのも、簡単じゃないんですね。

小田　誇りを持ちたいなんて言ってるうちは、いつまでたっても無理じゃないですか。一生懸命はたらいて、自問自答を繰り返した結果、「あれ、俺、けっこう役に立ててるかも？」ということに気づくわけだから。

――はい。

小田　仕事に誇りを持つってことは、「はたらく目的」とはちがうでしょう。それは、あくまで「結果」にすぎない。「5年前よりも、いい仕事ができるようになった」「今日も一日、よくはたらいたなあ」と思えたときに、金平糖の粒よりもちいさな誇りらしきもの……が、手のひらに乗っかってるんじゃないですか。

――人生をかけて、求めていくほどのものなんですね。誇りとは。

小田　簡単じゃないですよ。

――小田さんが、まだ六花亭の社長でいらしたとき、１０００人以上の従業員さんのお名前をすべて記憶していたと聞きました。

小田　パートさん含めて、１３００人だったかな。

――入社したての若い人でも、そんなふうに、社長に自分の名前で呼ばれたら、誇らしい気持ちになるんだろうなあと思っていました。

小田　社長の仕事は、そこからです。

――自分は、取材で、何度か六花亭さんにおうかがいしているのですが……。

小田　ええ、ありがとうございます。

――実は、そのたびごとに、みなさんの「誇り」のようなものを感じていました。自分たちの商品に対する誇り、一緒にはたらく仲間への誇り、帯広という土地への誇り。

小田　いえいえ。

――自社のお菓子のことを「おやつ」と呼んでらっしゃることも、そうです。でもそれは、あからさまに見せつけるようなものではない。六花亭のみなさんが、お菓子をつくるときや、お客さまに接するときの姿勢に、にじみ出てくるようなものとして。

小田　そう言ってもらえるのはうれしいけど、そんなにたいしたものではないですよ。商品を「おやつ」って言ってるのは、実際にそうだからだし。

――と、おっしゃいますと？

小田　このところのコロナ騒動のおかげで、観光客がほとんどの小樽運河店では、売上が80パーセントもダウンしてるんです。

――えっ、そんなに……そうなんですか。

小田　ところが、地元のみなさんが、ひとつひとつ買ってくださるような店舗では、逆に、売上が伸びたりしてる。

——わあ、すごい。

小田　地元のみなさんへ向けてつくっている「おやつ」だからこそ、こういう時期でも売上が落ちない。仮に「今日は奥野さんに会うから、六花亭のお菓子でも持ってって元気を出してもらおう」とかね、もしそういうことで売上が伸びているんだとしたら、それはまさしく、ぼくたちが目標にしてきた六花亭の姿なんです。

——地元のみなさんによろこんでもらえる、「おやつ」。

小田　そう。だから「地元への誇り」というよりも、地元の人たちに受け入れてもらえなければ、六花亭は成り立たないんです。1年間に、たった3日しかつくらないお菓子だってあるんだから。

——あの、ぼくが、当時まだ社長さんだった小田さんに取材させていただいたのは、もう10年くらい前なんです。

小田　ああ、そんなになりますか。

――あのときは、お菓子の開発会議にも同席させていただきました。開発部の社員さんが、入れ替わり立ち替わり、試作を小田社長の前に持って来ては……。

小田　ああでもない、こうでもないってね（笑）。

――あのお役目は、今は、どなたが？

小田　ぼくがやってますよ。それが、ぼくのいちばんの仕事だからね。

――ああ、そうなんですね。何だか、うれしいです。

小田　そうそう、ほんの何日か前にも、ようやくひとつ、発売にこぎつけた商品があってね。おかげさまで、よく売れてるんです。

――それは、どういうお菓子ですか。

小田　名前が「万作《まんさく》」っていうんだけど……。

――あ、以前からありましたか？

小田　そうそう、昔からあるんです。親父がつくったお菓子なんだけど、ぼくには、どうも納得いかなくて。

――へえ……。

小田　だから、今はなき親父に「ごめんよ」って言いながら、まったく新しいお菓子に変えたんです。

――そうなんですか。

小田　親父のネーミングと、坂本直行さんの絵の描かれたパッケージは、とてもよかったんです。福寿草のことなんですけどね、「万作」って。

――そうなんですか。春の花。

小田　そう、春が来たら「まず咲く」花が、福寿草。それで「万作」と言うんだけど、肝心の「お菓子」が、いまひとつだったんだな。

――小田さんとしては。

小田　まあ、和菓子の「桃山」だったんだけど。親父のお菓子を変える以上、責任があるから。納得のいくものをとことん追求したら、洋菓子になっちゃったんだけど。
――和菓子だったものが、洋菓子に。
小田　そういうこともあります。うまくいったので、今はちょっと、ホッとしてるんです（笑）。

（2020年3月12日　六本木にて）

小田豊（おだ・ゆたか）
1947年3月13日、北海道帯広市生まれ。1969年、慶應義塾大学商学部卒業。1972年、帯広千秋庵株式会社（現・六花亭）入社。取締役副社長に就任。1995年、六花亭製菓株式会社代表取締役社長に就任。2015年、第13回「渋沢栄一賞」受賞。2016年、代表取締役社長を退任し、六花亭食文化研究所所長に就任。2017年、「井上靖記念文化賞」受賞。

いい会社って何ですか。それは、どうやって見分けられますか。

29/33

●悩み

就職活動を控えていますが、よく言われる「いい会社」というのが、わかりません。お給料や福利厚生などの数字や項目を見ても、いまいち「どんな会社」が「いい会社」なのか。それは、どうやったら見分けられますか。たくさん会社がありすぎて、何から調べたらいいか、途方に暮れてしまいます。

（20歳・大学生）

●答え

「誰にとっても、いい会社」はありません。
「自分にとっての、いい会社」を、
自分の目と足で探しに行ってください。
訪問先の本棚を見るのも、おすすめですよ。

新井和宏（株式会社eumo代表取締役）

答えた人

新井　先日、学生さんからこういう質問をいただいたんです。「いい会社って言いますけど、いい会社を探すためのアプリを教えてください」って。

――おお、おお。

新井　つまり、その学生さんは、どこかに「いい会社」というものが用意されていて、それがアプリか何かによって「あちらから提供されるもの」だと思っているんです。

――なるほど。

新井　ちょっぴり衝撃を受けつつ、でも、そんなアプリがあったら便利だよなあとも思ったんですが（笑）。

――ええ（笑）。

新井　わたしがいつも、学生さんにする話があるんですね。それは「いい会社」というのは、頭に「誰にとって」という言葉がなくてはならないということ。つまり、どんなに世間で「いい会社」だと言われていても、「あなたにとって、いい会社」じゃなければ、ダメだと思うんです。

――そうか、自分にとって。

新井　お給料は低くても、好きなことを思いっきりやらせてくれる。規模は小さいけれど、自分を鍛えてくれる。本人の価値観や考え方しだいで「いい会社」の定義は変わってくるから。

――それだと、アプリでは出てきそうにないですね。

新井　で、そうやって「自分にとって、いい会社」のイメージを持つことができたら、質問の学生さんみたいに「途方に暮れる」という状況にはならないと思うんです。

――つまり「いい会社を知る」前に「自分を知る」ことが重要だということですね。

新井　そう、自分はいったい何を大事にしているのか、これからはたらくに当たって、何を大事にしていきたいのか。そのことを知るためには、やはり、愚直なようだけど「たくさんの会社を訪問して、たくさんのはたらく人たちに会う」ということを、やってほしいと思います。

――それが結局、早道かもしれませんね。じっと動かず、もんもんと考えているだけより。

新井　多くの学生が「今、関心のある業界」しか調べないんです。そうすると「自分が偏っていること」自体に気づかない。今のところ関心はないんだけど「この業界って、どんなところなんだろう。ちょっと見てみよう」ということができるのは、就活の時期くらいですよね。つまり学生の特権とも言えるのだから、ぜひ、たくさんの会社を見てほしいなあと思います。

――足で稼ぐ。「いい会社アプリ」も、今のところなさそうですし。

新井　ですね（笑）。で、そうするうちに、自分のなかの価値感の軸が、浮き上がってくると思います。確実に言えることは、入口のところで目につきやすい「年収」とか「ボーナス」とか「就職ランキング」とか、そういう「数字」が本当に大事かどうか、よく自問自答したほうがいいということ。

――そうやって、自分の価値観の軸を定めて会社を訪問したとして、質問の2番目の「どうやって見分けたらいいか」については、何かアイディアはありますか。

新井　まずはね、その会社の「本棚」を見ること。これは、おもしろい。目につくところにあったら、ぜひ、じっくり眺めてみてください。

――本棚。

新井　そう。わたしも、訪問する会社さん、まずは本棚から見ます。そこには、かなり大切な情報が詰まっています。

――大切な情報。

新井　つまり、わざわざ会社に置いておく以上、何らかの意味があるはずなんです。

――ああ、社長の愛読書だとか、座右の書だとか。

新井　そう。社長はじめその会社のメンバーが、他の仲間に読ませたいと思っている本が置いてあるはずなんです。つまり現時点での、その会社の考え方のベースになっている本が、そこには並んでいると。

——なるほど。

新井　タイトルを眺めるだけでも、そうとう、いろんなことがわかると思います。逆に、まったく更新されていない「化石化した本棚」も、ときどきあったりして。

——ある時点から、中身が新しくなっていないということですか？

新井　はい。本棚の中身が数年前で止まっちゃってる。その場合、その会社自体も「止まっちゃってる」可能性が高い。経営者であれば、ビジネス書や哲学書から刺激を受けているのがふつうだと思うんです。であるならば、自分の会社の社員に読んでほしい本が増えていくはず。でも、そうなっていないならば、なっていない理由が、おそらくある。

——共感できるタイトルが多ければ、その会社自体にも共感できそうですね。

新井　たぶん、ご自身の「大切にしたいもの」と、その会社の姿勢やスタンスが近ければ、何らかのキーワードで重なってくると思うんです。だから、けっこういいヒントになると思う。当然ながら、会社に入ったら、読まされる可能性もあるわけですし（笑）。

——そうですよね。

新井　あと、かならず言うようにしているのは「会社の雰囲気は、ごまかせない」ということ。はたらいている人たちの感じもふくめて、オフィスの空気感をつかむことは、非常に重要だと思います。たとえば、社員さん同士がきちんと挨拶をしているか。どんなに「よそいき」にお化粧しても「ふだんの感じ」って、出ちゃうものですから。

——そこは、対外的に発表されている「数字」からは、読み取れませんよね。実際に訪問してみないと。

新井　そうなんです。

――今のお話を聞くと「自分にとってのいい会社って、どういう会社か」ということは、就活生だけじゃなく、ぼくら社会人も、ふだんから考えておいたほうがいいような気がしました。

新井　そのとおりです。はたらき方が、急激に変わっていますから。たとえば体重計などで有名なタニタさんは、社員全員を業務委託契約に切り換えようとしていますよね。

――ええ、自分も会社員なんで「どうなるんだろう」と思って見ています。

新井　社員が「複業すること」を前提に、自分たちの会社のあり方をデザインしようとしています。そのような価値観が、今後は主流になっていくでしょう。今までは名刺の「会社名」の下に「その人の名前」がありましたけど。

――はい。

新井　これからは、誰それという人の名前の下に、所属する会社の名前や肩書がいくつも並ぶ時代になっていくと思います。

――はあー……それは、象徴的な変化ですねえ。

新井　そうやって自由なはたらき方ができるようになる反面、ひとつの会社に「一生面倒を見てもらう」慣習も、なくなっていくと思います。だからこそ「自分にとって、いい会社って何だろう」ということは、やはり、考えておいたほうがいいと思います。

――そうなっていくときに「会社に対する忠誠心」みたいなことって、どうなるんでしょう。これまでのあたまで考えると、きっと出てくる疑問だと思うんですが。

新井　会社と社員が「一対一」の関係性だと、たがいに依存関係がうまれてしまいます。それは、社員の側からすれば「給料の奴隷」になってしまうということ。そこで、複業をはじめ多様なはたらき方をゆるすことで、個人の自由度を上げていくということが重要になるんだと思います。でも、その場合の「会社と社員の関係性」が、うまく成り立つためには……。

——ええ。

新井　「忠誠心」ではなく「信頼関係」が、より必要になってくるでしょうね。つまり、経営側からすれば「契約で縛る」のではなく「会社の姿勢」や「仕事の内容」で、はたらく人を惹きつけなければならない。

——つまり「魅力」で。

新井　そう。それに対して「この会社に応えたい」と社員が思えたら、そこには、労働契約で縛りつける以上の「信頼感」がうまれるんだと思います。

——ちなみにですが、こういうお考えにいたる以前の新井さんは、ゴリゴリの「金融工学至上主義者」だったんですよね。ちょっと、おどろくんですけど。

新井　そうなんです。30代の終わりまで、すべてを「数字」で判断してきました。会社なんか訪問するのは時間のムダでしかなく、社長や社員なんかにも会う必要はないと思っていました。あらゆる金融情報を加工すること、つまりビッグデータをどうハンドルするかしか考えていない人間だったんです。

——今のにこやかなお顔からは、想像もつかないのですが（笑）。

新井　でも、あるときに、法政大学の坂本光司先生の書かれた『日本でいちばん大切にしたい会社』という本を読んで、突然「雷が落ちた」かのように。

——真反対の考え方に。

新井　はい、一瞬にして。二子玉川の高島屋の本屋で、その本がキラキラ輝いていたんです。

——そんなことがあるんですね。

新井　いや、なんかね、実際に光が反射するような印刷の表紙だったんですよ。

——あ、実際に光ってた（笑）。

新井　そうなんです（笑）。で、手に取って読んでみたら……それまでの自分は「会社は売り買いするものだ」と思いこんでいた。お金さえもうかれば、それでいいと。でも、坂本先生の考えを知って、まったく正反対の「会社というものには、人間の血が通っている」と言いだすことになったんです。

――考えが変わったのは、本当に短期間で？

新井　はい。

――そういう体験って、ものすごいことだと思います。

新井　自分でも不思議ですよ(笑)。

――そういう人が、これまでみたいなことをおっしゃるので、よけいに説得力があります。だって「そうじゃない側」を、さんざん見てきた人なわけだから。

新井　今でもね、学生さんたちから「とはいえ自分も、かつての新井さんみたいに、お金もうけのてっぺんのところにまで登りつめてみたいんです」と言われることがあって。

――そういうときは、どんな言葉を返すんですか。

新井　「わかった。じゃあ、行ってらっしゃい。徹底的に稼いでみたらいい。で、そうやってたどり着いたところに、何もないことを確認してきたらいいよ」って。

——何もない。

新井　何もない。

——何もない……というのは、どういう感覚ですか。

新井　毎日毎日お金の競争を繰り返していた自分は、いつのまにか「崖っぷち」に立っていた。で、その崖の先には……「何もなかった」。そういう感覚です。

——ああ……。

新井　この先、がむしゃらにお金だけを追いかけても、自分の人生には何もないんだろうと思ったんです。その「崖っぷち」に立ったときにね。そして、まったく正反対の方向へと、歩みだすことになったんです。

（２０２０年３月23日　六本木にて）

新井和宏（あらい・かずひろ）

株式会社eumo代表取締役。ソーシャルベンチャー活動支援者会議（SVC）会長。1968年生まれ。東京理科大学卒。1992年住友信託銀行（現・三井住友信託銀行）入社、2000年バークレイズ・グローバル・インベスターズ（現・ブラックロック・ジャパン）入社。公的年金などを中心に、多岐にわたる運用業務に従事。2007～2008年、大病とリーマン・ショックをきっかけに、それまで信奉してきた金融工学、数式に則った投資、金融市場のあり方に疑問を持つようになる。2008年11月、鎌倉投信株式会社を元同僚と創業。2010年3月より運用を開始した投資信託「結い2101」の運用責任者として活躍した。鎌倉投信退職後の2018年9月、株式会社eumo（ユーモ）を設立。

かんしんビジネスクラブ アドバイザー、Sustainable Co-Innovation Forum（SCIフォーラム）理事、VENTURE FOR JAPANオフィシャルサポーター、ホワイト企業大賞 企画委員、特定非営利活動法人 いい会社をふやしましょう 理事（2012年～2018年）、横浜国立大学 経営学部 非常勤講師（2012年度～2015年度）、経済産業省 おもてなし経営企業選 選考委員（2012年度、2013年度）

2015年5月11日放送 NHK「プロフェッショナル～仕事の流儀」出演

著書『投資は「きれいごと」で成功する』（ダイヤモンド社）、『持続可能な資本主義』（ディスカヴァー・トゥエンティワン）、『幸せな人は「お金」と「働く」を知っている』（イーストプレス）、『共感資本社会を生きる』（共著・ダイヤモンド社）

はたらくことば——その⑮

自分たちの社会が「大きな物語」に回収されないために、ぼくら庶民が「小さな物語」を、「小さいけれど、それぞれに、ゆたかな物語」を、語りつづける必要があると思っています。

是枝裕和（映画監督）

自分にしかできない仕事に就きたいと思うのは、傲慢でしょうか。

30／33

●悩み

前職では営業の仕事をしていたのですが、「この仕事は、自分じゃなくても、他の誰でもできるな」と思ってしまってから身が入らなくなり、退職しました。ただいま、無職です。自分だけにしかできない仕事に就きたいと考えることは、傲慢なのでしょうか。

（29歳・無職）

●答え

——見つけようとしたら無理です。
傲慢です。
でも「自分にしかできない仕事」は、
自分で「創っていい」んです。

濱口秀司（ビジネスデザイナー）

答えた人

濱口　今、ここに来るまでに考えてきました。歩きながら。

――ありがとうございます（笑）。

濱口　自分にしかできない仕事に就きたいと思うのは、傲慢でしょうか……と。この質問に答えろと。

――はい。濱口さんは、濱口さんにしかできない、「唯一無二」の仕事をなさっているというイメージがあったものですから。

濱口　結論としては、傲慢ですね。

――あ、傲慢ですか。

濱口　傲慢です。まず「自分にしかできない仕事」なんか、見つけられないですよ。計算してみたらいいんです。仕事の種類ってなんぼくらいあるのかなと、さっき歩きながら調べたらね。

――歩きながら、そんなことまで。

濱口　えーと、厚生労働省所管の独立行政法人労働政策研究・研修機構の調査によりますと、日本における職業の数は「17000」以上であると。ザックリ言って。

――そんなにあるんですか！

濱口　すごい数ですよね。そのなかから「自分にしかできない仕事」を探すんですよ。たとえば、ZOZOTOWNで売っている何万何千という洋服のなかから「自分にいちばん似合う一着」を見つけようと思ったって、無理じゃないですか。

――はい、「好きな洋服」じゃなくて「いちばん似合う洋服」を見つけだすことは、ほとんど不可能ですよね。何万何千もある洋服を、一着一着チェックできないです。

濱口　それと同じで「自分にしかできない仕事」を見つけようと思ったって、まあ、無理だと。そのうえ、仕事は洋服と違って外から見えにくい。そして、新しい仕事の「試着」のチャンスは限られた人生で多くても10回くらいなので、さらに無理。でもね。

――はい。でも。

濱口　仕事って「創っていい」んですよ。

――わあ。

濱口　そういう発想なら、つまり「自分にしかできない仕事を創る」のなら、まったく傲慢じゃないです。むしろ、どんどんやってください。

――詳しく聞かせてください。

濱口　ようするに、決まりきった仕事に「就く」んじゃなく、既存の仕事を変えて新しく「創る」と考えたらいいと思うんです。それがたとえ、自分のやりたい仕事じゃなくたって。

――いいんですか。好きな仕事じゃなくとも。

濱口　いいです。大丈夫。この質問をくださった方、営業の仕事を辞めて「無職」だそうですが、いろいろ考えるより、何でもいいから仕事をはじめちゃったほうがいい。それが仮にトイレ掃除でも、はじめたあとに「自分にしかできないトイレ掃除」に進化させたらいいじゃないですか。

——おお。

濱口　どんなトイレ掃除にするかは、この人しだいですけども。

——自分は学生さんの悩みを聞く機会があるんです。すると「意中の企業にフラれ、そうでもない会社からは内定が出た」と言って悩む人の、いかに多いことか。

濱口　そうでしょうねえ。確率で言えば。大部分の人がそうです。

——社会に出たらわかるんですが「まず、はたらいてみる。そしたら道は開けていく」みたいなことって多いじゃないですか。でも、学生のうちは、そういうことってわからないだろうなあと思うんです。

濱口　なるほど。でも、それも「仕事は変えられる、変えていいんだ」と思っていれば、ちがうと思います。スタート時点は、何だっていいんですよ。意中の会社に入れなくたって、できる仕事からはじめて、それを「自分にしかできない仕事」にチューンしていく。動いていれば、道は開けてくるもんです。何にもしないまま、じっと動かないでいたら、何にも起こらない。

――「自分にしかできない仕事」は「創ればいい」。

濱口　はい。

――濱口さんがやってらっしゃるのは、まさにそういう仕事なんでしょうね。

濱口　あのね、昔、ぼくがいた会社に「メール室」ってあったんですよ。

――郵便物を届けるお仕事、ですか?

濱口　そう、社外からの郵便物および社内の部署間のメールサービスなんですが、何か仕事上の失敗をやらかしちゃったときに「おまえ、メール室送りだな」とかね、メール室の人からしたら、ずいぶん失礼なことを言う輩もいたんです。

――ええ。

濱口　でも、そこで、ちょっと考えてみてください。「もし、自分がメール室に配属になったら」と。

濱口　はい。もし、自分が……。

――ぼくならたぶん、がんばってメール仕分けの仕事を学びながら、メモを取って、計算して、マトリックスをつくると思う。

濱口　何のマトリックスを、ですか。

――たとえば「こっちの部署とあっちの部署の間には、一日に何本のメールが行き交っているか」ということを、すべてを調べ上げて統計を取るんです。そしたら、それまで誰も知らなかった会社の姿が、あぶり出されてくると思う。

濱口　そうか、部署間の連絡が密か疎かで、つながり度合いがわかってくる。

――で、そのマトリックスをもとに「研究部門と商品開発部をもっと密につなげたら、新しいものがたくさん生まれそうだ」とかね。そういう視点から会社を見たとき、まったく新しい可能性が開けてくる。ぼくは、メール室のオッサンでありながら、かつ、社内コミュニケーションの全体像を俯瞰してる人になるんです。

——まさに創ってしまってますね、新しい仕事を。

濱口　目の前の仕事を自分なりに変えようという意志を持ってはじめて、それまでの視点が変化して、自分にしかできない仕事を創ることができるんじゃないですかね。

——どこか「イノベイティブな仕事」と言うと「ゼロからうみだす」みたいな感じがしてしまいますけど。

濱口　ええ。

——既存の仕事を、どうおもしろくするかという方向性もあると。

濱口　いや、ぜんぜんそれですよ。そこからですね、ぼくなんか、いつも。イメージとしては、自分の職業の名前が「一般名詞」からはみだしていくような感じです。

——つまり「メール担当」とか「エンジニア」とか「新聞記者」とかじゃなく？

濱口　一般的な職業名でくくられた時点で、その人は「コモディティ化」……つまり「他の人と大差のない状態」になってるんです。その場合には、どうしたって「自分にしかできない仕事」にはならないし、結果として、高いお給料ももらえません。

――まわりの人と大差がなかったら。そうですね。

濱口　逆に「お仕事、何されてるんですか？」と聞かれたときに「えーっと、エンジニアっぽいことが5割で、月イチで雑誌にビジネスポエムの連載していて、週イチでお寺に通って仕事してます」みたいな。

――どういう人なんだろう（笑）。

濱口　そう、まさしく、そういう人がいい。やっていることを一発で説明できない人のほうが、これからの時代に求められていくと思う。一発で説明できないってことは、つまり「独特である」ということですから。

――たしかに。

濱口　やっぱりね、狙った「マト」にコントロールよく当てていく人生と、行き当たりばったりゴロゴロ転がっていく人生と、どっちがおもしろいと言ったらねえ。

——ゴロゴロ人生ですか。濱口さんは。

濱口　断然そうやね。だってぼく、新卒で入った会社ではセメントこねてたんですよ。

——あ、松下電工さんでは、その部門。

濱口　そう、パナソニックの松下電器産業とはちがって、ぼくのいた松下電工という会社は、床つくったり壁つくったりキッチンつくったり、電気配線や照明つくったり、モミモミ器つくったり。まるで雑貨商みたいな会社だったんです。

——テレビやビデオをつくっていたのは、電器産業さんのほうで。

濱口　ぼくは「企画」をやりたかった。テレビだったら、電器産業なんです。でも、なぜ松下電工に決めたかと言うと、当時、商品が「22万品番」あったんですよ。松下電工には。

――商品の種類が、22万点も。

濵□　次に、従業員は何人いるやろと思って調べたら「1万人」でした。つまり、割り算をすると「ひとり当たり22品番」でしょ。これ、重役も営業も管理部門も受付の女の子もお掃除のおばちゃんもふくめた平均で「ひとり22品番」扱ってる会社だったんです。

――重役や営業や管理部門や受付の女の子やお掃除のおばちゃんは企画を担当しないでしょうから、ひとり当たりの担当商品は、実際にははるかに多いんでしょうね。

濵□　だから、そこで思ったのは、それなら自分にだって企画のチャンスは回ってくるはずだと。そして、あるていど自分の判断で仕事を進められるだろうと思ったんです。

――それこそ「自分で仕事を創る」ことができると。

濱口　そう思ったら「自分だけにしかできない仕事が見つかりません」とか、「望みどおりの会社から内定をもらえませんでした」とか、何の問題もないことがわかりますよ。何でもいいから仕事をはじめて、自分の居場所をつくっていけばいいんです。

――そこで、既存の仕事を新しい仕事につくり変えたり、自分自身が思いも寄らないところへゴロゴロ転がって行ったり。

濱口　そうそう。それが楽しい。

――自分が予想だにしなかったボールが飛んできたりすることも、あるでしょうし。

濱口　ぼくね、大学時代に量子力学やってたんですよ。ニュートン力学じゃなく。

――えーっと、はい。すみません、どういう意味ですか？

濱口　つまり「ある角度でボールを投げたら、放物線を描いたその先で、計算通りうまくマトに当たりました」じゃなくて「どこへスッ飛んでいくか、ようわかりません」という学問をやってたんですよ。

――つまり、昔から「量子力学的な人生観」をお持ちだったと。

濱口　はい。そうです。そっちのほうが、人生おもしろいと思います。仕事は「就く」んじゃなくて「創って」いきましょう。仕事にはさっさと就いて、そこから創っていきましょう。

（2020年3月28日　外苑前にて）

濱口秀司（はまぐち・ひでし）
ビジネスデザイナー。京都大学卒業後、松下電工（現パナソニック）に入社。研究、商品開発や全社戦略投資案件の意思決定分析担当などを経て、1998年に米国のデザインコンサルティング会社Zibaに参画。USBフラッシュメモリなど様々なコンセプト作りをリード。2012年、実験会社「monogoto」をポートランドに立ち上げ、ビジネスデザインにフォーカスした活動を行っている。ドイツRed Dotデザイン賞審査員。米国ポートランドとロサンゼルス在住。

偉大な先達に
追いつけないいんじゃないかと
不安です。

31/33

●悩み

前回の東京オリンピックのときには、すばらしいデザイナーの先輩が活躍されました。２０２０年の東京オリンピックの自分は、はたらき方の改革もあって、案を練ったり、何かを見たり、考えたりする時間に制限があります。このままでは、過去の偉大な先達に、追いつけないような気がして不安です。（26歳・デザイナー）

●答え

みずからの「輪郭」を描くことです。
「本来の自分」を取り戻すこと。
誰かに追いつこうとするのではなく。

山口晃（画家）

答えた人

山口　思ったのは「追いつく気なんだ」と。

――なるほど。

山口　えらいな、と。

――えらい。

山口　志が高い。だって、わたしたちの業界の「偉大な先達」と言えば、雪舟、北斎、ブリューゲル、レンブラント……。追いつく気になど、なかなか。

――そのようなお名前が並びますと、たしかに。

山口　と、いうようなことを言っていてもお返事になりませんので、わたくしが思ったことを申し上げたいと思います。

――お願いいたします。

山口　偉大な先達が、その時代その時代にやってきたこととは何か。それは、せんじ詰めれば「みずからの輪郭を描く」ことだと思うんです。ようするに「ああ、俺って、こんなんだったのかあ」ということに思いいたらされる作業。

作品をものにするということは。

山口　絵を描くとは「みずからの輪郭を描く」こと。

そのために描くわけじゃないですけど、作品の制作をつうじて「最初の自分」がどんどん「上書き」されていくのです。そうすることで、むしろ「本来の自分」に還っていくというような……。

山口　自分が更新されて更新されて更新されて……最後に「本来の自分」になる。

ぐるりと一周、みたいな感じでしょうか。

山口　とりあえず自分じゃないもので間に合わせの外郭をつくるしかないんでしょうね。人間社会に居ると。子どもなら子ども。大人なら大人。専門ならその専門のなかでの社会性を装ってしまう。制作というのは、そういうことと相性が悪い。

ははあ。

山口　作品というものは「その人にしか伝わらない」領域へ、向かおう向かおうとするものなのです。そして、その人すら置き去ってゆく。その歩みを続けるうちに、制作の最後にたどり着くのが「ああ、俺って、こんなんだったのかあ」という場所なのではないかと。

——ご質問の方は、偉大な先達、素敵なあこがれの人に「追いつきたい」と思っているわけですよね。いわば、みずからの外部にそびえ立つ高い山の頂きを目指している。

山口　ええ、そのようですね。

——でも、今のお話ですと、作品の制作をつうじて、山口さんたちが「最後にたどり着いてしまう」のは、高い山のてっぺんではなく「本来の自分」であると……。

山口　自分の根っこみたいなものの形って、割と早くに固まると思うのですけど、その根に従った枝葉を繁らせるには実力も要るし、運任せのところもあると思います。それで、はじめは仕方なく見よう見まねで取り繕う。その場での社会性を装ってしまうということですね。でも、そんなものでは制作できない。

——はい。できない。

山口　自分の根っこから立ち上るものなしに作品になんか向き合えないです。ですから、仮りそめのものを捨てて、根に従った枝葉を繁らせていく。自らの輪郭を取り戻す、とでもいうのでしょうかね。最近は、そんな気がするんです。以前は、少しでも、いわゆる「美術史」の端っこに連なる仕事を……とも思っていたんですけれど。

——ええ。

山口　そのために、偉大な先達を「踏まえる」こともありました。しかしながら、踏まえれば踏まえるほど、「この人たちは、いったい何をやってきたのだろう」ということが気になるようになって。

——はい。

山口　考えれば考えるほど「ああ、なるほど。やむにやまれず『こうなっちゃう』部分から『目を逸らさない』ことを、みなさん、やってきたのか」と。

――つまり「こうなっちゃう」というのが「本来の自分」なわけですね。偉大な先達は、そこから、目を逸らさなかった。

山口　「自分らしく」とか「なりたい自分になる」とかとは真逆ですね。自分を表現しようなんてことではなく、表出してくるもの。その裂け目に「飛び込んでいく」とでもいうんでしょうか。ひとりぼっちになってしまいそうでも、おそれずに。

――では、この方も「偉大な先達」ではなく「本来の自分」を目指すべきだ、と?

山口　双六の「あがり」みたいに「本来の自分」とやらがあるとは思いませんけど。内発する声に従い、己を十全に使うってことなんでしょうね。

――なるほど。

山口　偉大な先達というのは、何よりまず「参考になる」じゃないですか。「ああ、ここにたどり着こうと思ったら、心の、身体の、このあたりを使うんだな」とか。「おお、むむ。なるほど。手首じゃないのか、肩……もっといえば腰か」とか何とか。そうやって「偉大な先達をなぞる」ことは、あるところまでは「本来の自分を目指す」歩みと重なってくるんです。

――ええ。道行きとして。

山口　その地点までは、偉大な先達をまねて勉強すればいい。でも、あるところから「いや、まてよ」と。

――はい。

山口　自分のやっていることは「先達のこしらえた『型』にすぎない」と気づきます。そうなってくると、そのまま進んだところで、いつまでたっても「本来の自分」にはたどり着かない。型に心が残る……というか。型に心を残してしまう……というか。偉大な先達の型を通じて「本来の自分」になるはずが、いつのまにか「先人の型そのもの」になってしまっている。

――「本来の自分」に、ならずに。

山口　型というものは便利な代物で、使いどころを心得ていればパパパっと、インスタントに、それなりのものができあがります。

――はい。

山口　ただ、それでは「他人の型に使われている」だけですよね。やっぱり「自分自身の型」を見つけなければ。そして「型」から逆算して自分自身を使えるようになれば、その「型」からも放たれてゆく。そういうことだと思います。

――ええと、こんな話でいいんでしたっけ？

山口　いや、抽象的ですが、よくわかります。ひとつ「本来の自分に近づいていく」とは、どのような感覚なんでしょう。身体に鎧われた硬い殻のようなものが、一枚一枚、剥がれ落ちるような感じでしょうか。

山口　わたし、まったく絵の描けなくなった時期がありまして。

――えっ。

山口　大学3年生のころ。描こうとしても、何にも浮かばない。「あれ？　描けない。あれ？　描けない。なんだろう。描こうと思っているのに、何にも浮かばない。これは困った」という時期が。

——そうなんですか。

山口　そのときは「学校で描く絵」が描けなくなってしまったんです。おうちで、自分のノートブックにチョコチョコと楽しんでいた「お絵描き」は、ウヒヒウヒで、やっていましたから。

——ははあ。ウヒヒウヒヒで。

山口　公的な美術教育の場における「こうすべきであって、ああすべきではない。あんな歴史があるんで、こうでなければならない」という絵が「一切、描けなくなった」んです。ようするに「自分から発していないもの」が、まるきりダメに。

——ああ、なるほど。

山口　そのような絵を描くということは、すなわち、自分という輪郭の外側にあるものになろうとする行為だからでしょう。

――それは「本来の自分」とは、ほど遠いものなのですね。

山口　動機も、目指すべきところも、完全に自分の外側にあるような状態。自分の根と断絶した飛び地みたいな輪郭を描いてしまった。もっと美術に素養があれば、また、ちがったのかもしれません。でも、そのときの自分のその部分は、根からの「養分」が切れて、いわば「立ち枯れてしまった」んです。

――山口さんにも、そんな時期があったのですね。

山口　そのときに「自分から発していないことがすべての元凶」と思い知りました。それ以降、いつでも「自分からはじめる」ようにしています。これを平たい言葉で言うならば「描きたいものを描く」「描かずにはいられないから描く」「これをやったらどうなるか見てみたいから描く」ということでしょうか。

――シンプルですが、ある意味で、勇気の要ることでもありそうです。

山口　怖かったですね、はじめのうちは。美術という境界の内側でヌクヌクやっていればいいものを、そこから逸脱してしまうという恐怖。ひとりぼっちになってしまう恐怖。誰からも見向きもされなくなる恐怖……。

――わあ。

山口　ただし、その「恐怖の助け」、それを羅針盤にすることなしには「本来の自分」とやらへ到達することは、むずかしいのではないでしょうか。

――ご相談の方は「デザイナーさん」ということで、ほとんどのお仕事が「受注」だと思うんです。その点、誰かからの「注文」ということと「描きたいものを描く」こととの関係について、どのように考えたらいいでしょうか。

山口　レンブラントの「夜警」は、ご存じですよね。

――はい、あのでっかい絵ですね。アムステルダムで見ました。

山口　あの絵は「注文」で描いたものですよ。

――えっ！　あっ、そうなんですか。

山口　火縄銃組合の組合員のみなさんの肖像画なんです、あれ。描かれている人たち全員から、同じ額のお金をもらってるんです。レンブラントさん。

――ひゃー、そういう絵だったんですか。

山口　はい。当時の肖像画の「常識」からすれば、とんでもない代物です。というのも、ふつう、同額のお金を受け取っているのなら、全員の顔を「同じくらいの大きさ」で描くものでしょう。

――そうですよね、サービスとしては。通常は。

山口　でも、レンブラントさんは、ご存じのように、あのようにして。

――ああー……。

山口　画面中央で主人公のようにスポットライトの当たっている人もいれば、端っこの暗がりで、ほんのちっちゃくしか描かれていない人もいる。

――それ、何か、クレームとかは……。

山口　言われたみたいです。「おまえ、全員から同じだけの金をもらっといて、俺の顔これかよ」とか。でも……。

——はい。

山口　ああして、歴史に残った。

——アムステルダムの美術館では、世界中から来た大勢の現代人が、折り重なるように、食い入るようにして、鑑賞していました。

山口　でも、完全に「逸脱」しているとはいえ、お金をもらって描く「注文絵画」なんです、あの絵は。頼まれて描いた肖像画なのに「歴史的な絵画」となったんです。

——そういうことも、可能だということですね。

山口　だから、はじまりが「注文」であっても「みずからの輪郭」は描きうるんだな、と。

——おお。

山口　どちらへ進んだらいいかは、ご自分の作品が教えてくれると思います。

——目の前にある「自分の絵」が、導いてくれる。

山口　そう。自分のつくった作品は、けっして自分の支配下にあるのではない。それ自体が、描いた本人……つまり、わたし自身に何かを語りかけてくる。作品があろうとする姿を見せてくる。社会的制約などを反故にさせようとそそのかしてくる。

——作品とは、そのようなもの。

山口　ええ。わたしにも、決して人に見せられない「恥ずかしい帳面」に、「ああ〜、これは俺だ。これこそが俺なんだ……」みたいなのがですね、もう、ウヨウヨと……。

（2020年3月24日　外苑前←FaceTime→谷中）

山口晃（やまぐち・あきら）

1969年東京生まれ、群馬県桐生市に育つ。96年東京芸術大学大学院美術研究科絵画専攻（油画）修士課程修了。2013年自著『ヘンな日本美術史』（祥伝社）で第12回小林秀雄賞受賞。17年桐生市初の藝術大使に就任。日本の伝統的絵画の様式を用い、油絵という技法を使って描かれる作風が特徴。都市鳥瞰図・合戦図などの絵画のみならず立体、漫画、インスタレーションなど表現方法は多岐にわたる。近年の展覧会に、12年個展「望郷 TOKIORE（I）MIX」（銀座メゾンエルメスフォーラム、東京）、15年「山口晃展　前に下がる　下を仰ぐ」（水戸芸術館現代美術ギャラリー、茨城）、18年個展「Resonating Surfaces」（Daiwa Foundation Japan House Gallery, ロンドン）等。成田国際空港のパブリックアート、富士山世界遺産センターシンボル絵画を手がける一方、新聞小説や書籍の挿画・装画など幅広い制作活動を展開。19年のＮＨＫ大河ドラマ「いだてん　〜東京オリムピック噺〜」のオープニングタイトルバック画を担当する。東京2020公式アートポスターを制作。

はたらくとは、何でしょうか。

32/33

●悩み

はたらくとは、何でしょうか。幸福を求める手段ですか？　現在、就活生です。周囲には、はたらきたくない人もいれば、はたらきたい人もいます。「はたらく」を通して、誰かに何かをしてあげている人もいれば、ただただ「ライフワーク」をするだけの人もいます。結局、わたしは「はたらく」という言葉を、どう使えばいいのでしょうか？

（23歳・大学生）

●答え——

よろこぶことと、
よろこばれることの重なる場所で、
ぼくは、はたらきたいです。

糸井重里（ほぼ日刊イトイ新聞）

答えた人

——かなり「大きな」質問なのですが。

糸井　うん。やっぱり「よろこぶこと」と「よろこばれること」の重なる場所にいたいなあと思うんです。ぼく自身はね。

——ああ、なるほど。

糸井　つまり「ギャングだって、はたらいている」わけじゃないですか。極端に言えば。

——そうですね、一生懸命に……文字通り生命のかかった「仕事」もありそうですし（笑）。

糸井　おじいさんやおばあさんから「オレオレ詐欺」でお金を引き出してる人も「はたらいている」んだと思うんですよ。

——ええ、本人としては。

糸井　それらしいパンフレットをつくったり、まめに電話をかけたりして。でも、その「仕事」が「人のよろこびを奪う」から、ぼくらはそれを「はたらく」って認めたくないんです。

――そうですね。

糸井　世の中のほとんどの仕事は「まちがってない」んだけど、なかには、そうやって「まちがってる」と言わざるを得ない「はたらく」がある。はたらくって何ですか、と聞かれたとき、そのあたりに、ひとつのヒントがあるんじゃないかなあ。

――ええと、つまり……。

糸井　人の自由を奪ったり、人の生命をおびやかしたり……というのは論外だけど、きっと「人が人であることを邪魔する」ような「仕事」も、ことによっては「よろこべない仕事」として、どこかで成り立っているかもしれないですよね。

――はい。

糸井　かと思えば、子どもたちから「嫌だ、痛い痛いキライ」って言われる歯医者さんは、実際には、たくさんの人から「よろこばれている」わけです。他方で、誰かを脅してお金を巻き上げている人は、同じように「嫌だ、キライ」と思われていて、かつ、誰からもよろこばれていない。

糸井　そう考えると、いろいろ複雑……。

――つまり、あらゆる職業は平等だ、どんな仕事も蔑まれてはいけないって言うけど、そこの「基準」には、生きてる人の数だけ微妙なちがいがあるんですよ。

糸井　なるほど。

――その上で、ぼくは、できれば「人によろこんでもらえるような仕事がしたい」と思って、はたらいてきたんだと思います。人がよろこんでくれることで、自分もよろこぶ。その往復運動で成り立つような仕事がしたい。そんなふうに、やってきたんだと思うんです。

――「はたらく」とは、「よろこぶ」と「よろこばれる」の重なるところにあるもの。

糸井　同時に、人がよろこぶことを考えたり、思いついたりする人が「成功」するんだとも思ってます。とくにチームではたらくに当たっては、そこを鍛えていく必要がある。うちの会社に当てはめて考えても、やっぱり、重要なところはそこじゃないですか。

――糸井さんは、いつくらいから、今みたいな考えを持っていたんですか。

糸井　以前は「ぜんぶ、いいんだ」って思おうとしてた。「泥棒」まで含めて。

――泥棒。あ、吉本（隆明）さん、ですか。

糸井　そう。実際には、吉本さんが人に言われた言葉なんだよね。若いころ、失業中かなんかに、母校の東工大で、どこかいい就職口はないかみたいなことを、しゃべっていたら……。

――ええ。

糸井　教授だか助手だか、そのへんにいた知り合いの大人に「食べられなかったら、人のものを盗って食ったたっていいんだぜ」と言われたらしい。若き吉本さんは、その言葉に「ハッとした」んだって。

——吉本さんと糸井さんの共著『悪人正機』の冒頭に出てくるお話ですよね。

糸井　食えなければ泥棒したっていいんだよ……ってさ、もちろん「泥棒は悪い」んだけど、そう簡単に決めちゃうことに比べて、ずいぶん「人間が生きる」ということ全体への「敬意」があると思うんだ。たぶん、吉本さんも、そんなふうに感じたんじゃないかなあ。

——それで「ハッ！」とされたんですね。

糸井　生きるために、食うために、「あっちで余ってるものを、こっちへ持ってくる」というか……。決して肯定はできないんだけど、「ギリギリのところで生きていくって、そういうことだよ」と言われたら「そうかもしれない」とも思うし。

——そうですね、はい。

糸井　それまでぼくは「泥棒は、いけません」ということを簡単に決めすぎていたなあ、と。これ、言い方が難しくて、もちろん「泥棒」はダメだよ。でも、あらゆる「ルール」とは、時代時代の状況に合わせたものでしかないとも言えるわけで。

糸井　未来永劫、絶対とは言い切れないもの。

——うん、どんな時代、どんな状況においても「絶対に、絶対！」なことなんかないって、そういうふうにも取れる。で、ぼくは、その考えそのものについては「うん、そうだよ」と、今でも思ってます。

糸井　「絶対に、絶対！」と決めた途端に「自分の頭で考えない」ことになりますしね。

——だから、人って「なりたい自分に、なる」んだよね。

糸井　なりたい自分に、なる……。

——あんなふうに生きたい……と思っている人のように、人は、なっていく。つまり「泥棒してうまいことやって、がっぽりもうけて、左団扇で……」という人物にあこがれていたら、そういう人になるんじゃないかな。なろうとする……というか。

——どういう自分になるかは、みんな自分で決めている、と。

糸井　反対に「泥棒になんか絶対になりたくない」と思っている人は、きっと、本当に困っても人のものを盗らないんだろうね。そこには、その人の経験とか環境とか価値観とかが関係してる。そういう、たくさんのタテ糸・ヨコ糸が織りなされた結果、「その人」は、今そこにいるわけでしょ。

——はい。

糸井　だから一概には言えないんだけど、できれば「よろこぶこと」と「よろこばれること」が重なるところに「自分の仕事があるといいなあ」って。で、それはきっと多くの人が思っていることじゃないかなあ。ぼくだけじゃなくてね。

——よろこぶことと、よろこばれること。その「重なり」のかたちも、時代によって変わっていくんでしょうね。

糸井　そのことを、考え続けるんだと思います。今、真夏の炎天下で道路工事をしている人のなかに、外国の方が混じっていますよね。

――はい。ほんの何年か前でも、今ほど見なかった気がします。

糸井　社会を成り立たせるために必要で、みんなの役にも立っているけど、「なり手」のいなくなっている仕事。それを、海外から……多くは海外の貧しい国からお金を稼ぎに来ている人たちが、どんどん担うようになってるんですよね。

――はい。

糸井　で、そういう「人の嫌がる仕事」って、他よりお金が稼げるようになっていかなければ、この先「なり手」がいなくなっちゃうと思うんだ。

――ああ、そうですね。たしかに。

糸井　でも、そういう「人の嫌がる仕事」に高い給料を払えるようになってはじめて、本当の意味で「生産性の高い社会」が実現したと言えるんじゃないかな。

そういう未来を想像してはたらきたいなと、ぼく自身は思ってます。

――人の嫌がる仕事に、多くのお金を払うことのできる社会。

糸井　それは「ありうる未来」だと思うし、一部では、はじまっているとも思います。最新のコンピュータを駆使して、すごい仕事をする頭のいい人の価値って、認められやすいじゃないですか。

――ええ。

糸井　でも、同じように「誰でもできるんだけど、誰もやりたくない仕事をする人」の価値を認められる社会こそ、本当の「豊かな社会」だって気がするなあ。

――なるほど。

糸井　そんなことを考えながら、ぼくは今、「はたらいて」ますけどね。こんなことでいいかな？

（２０２０年４月２日　外苑前にて）

糸井重里（いとい・しげさと）

1948年、群馬県生まれ。「ほぼ日刊イトイ新聞」主宰。株式会社ほぼ日代表取締役社長。コピーライターとして一世を風靡し、作詞やエッセイ執筆、ゲーム制作など、多彩な分野で活躍。1998年にウェブサイト「ほぼ日刊イトイ新聞」を立ち上げてからは、同サイトでの活動に全力を傾けている。近著に『他人だったのに。』『みっつめのボールのようなことば。』（ほぼ日文庫）、『すいません、ほぼ日の経営。』（川島蓉子との共著・日経BP）など。

これからの時代に「はたらく」うえで、大切な感覚は何だと思いますか。

33／33

●悩み

はたらき方改革。以前より繊細にならざるを得ない「ハラスメント」の意識。下の世代を指導する年齢なのに、彼らとのコミュニケーションギャップに苦労する。これまでの価値観が通用しなくなっている現在は、「はたらく」ことも、大きな変化の局面を迎えていると思います。これからの時代にはたらく上で、大切にしなければならない感覚は何だと思いますか。

（42歳・養護教諭）

●答え――――どれだけ仲間をつくれるか、
だと思います。

小泉今日子（歌手／女優／プロデューサーなど）

答えた人

小泉　今、わたしは、ちいさな会社を経営しています。社員が3人、わたしもいれて4人なんです。舞台なんかをつくってるんですが。

——はい、会社のお名前の「明後日」というのが最高だと思ってました。

小泉　ありがとうございます（笑）。でね、最終的に何らかの決断を下すとか、あるいは誰かに謝りに行くとか、そういうことは、代表のわたしがやるべきだと思ってるんです。でも、わたしが苦手なこともたくさんあって、そこは、ふつうに甘えてます。

——会社の仲間に。

小泉　そう。で、いいなあと思う会社も、えらい人が、若い人と同じ場所に立って、同じ目線でものごとを見ている感じがする。社長さんが、朝、社員さんと一緒にお掃除してたりとか。

——ええ、ええ。

小泉　だから、「どれだけ仲間をつくれるか」だと思うんです。

――なるほど。

小泉　きっと、つまらない答えでしょうね。

――そんなことないです。予期していない答えではありましたが。

小泉　あ、そうですか。

――そして、すばらしい答えだと思いました。「どれだけ仲間をつくれるか」って。今回いろんな質問や悩みが寄せられているんですが、何にせよ「ひとりで抱え込まないで」とか「それ、誰かに話してみたら？」というアドバイスが多いんです。

小泉　へえ、そうなんだ。

――極論すれば、人の悩みって、「誰かひとりにわかってもらえたら、なんとかなる」みたいなことばかりのような気がして。

小泉　そうですね。人に話すことで助けられること、たくさんありますよね。で、そのときに、話を聞いてくれるのが「仲間」なんですよね。

――はい。たとえば、パンフレットを印刷所にお願いした。すごく急いでいたんだけど、印刷所の人が、えらいがんばって間に合わせてくれた、みたいなことが……。

小泉　うんうん。あります。

――そのとき、ちょっと感動するんです。

小泉　わかります。

――その場合、別の会社の人だけど「仲間」を感じたりします。

小泉　そう。ほんとにそうです。わたしたちにもそういう場面、よくあります。舞台をつくる場合、役者さんはもちろん、技術スタッフさんも外部にお願いするんですね。

――ええ。

小泉　彼らは「期間限定の仲間」なんだけど、その公演が成功するかどうかは、短い期間で「より、いい仲間」になってもらえるかどうかにかかっていると思っていて。

――なるほど。いい仲間。

小泉　そして「より、いい仲間」になってもらうためには、自分たちは、彼らに対して誠実に誠実に、いるしかないなあって。

――信頼しあえる関係性があると、ピンチにもチャンスにも強くなれますよね。

小泉　わたしたち「明後日」はあくまで4人なんだけど、そのつど期間限定の「いい仲間」に合流してもらって、プロジェクトが終わったら、おたがいもとの場所へ戻っていく。わたしたちのやりたいことを、次は、誰が一緒に楽しんでくれるだろうって、そのつど考えています。

――そういう考えを持つようになったのは、いつごろからですか。

小泉　昔からですね。「小泉今日子」というアーティストはひとりなんだけど、実態はすっごく大きなユニットである……という感覚があったんです。

――そうなんですか。ユニット。

小泉　だって、アルバム一枚つくるにしても、レコーディングのディレクター、エンジニア、ミュージシャン、マネージメントしてくれる人、宣伝を考えてくれる人……そういう「仲間」たちがいて、ようやく「小泉今日子のアルバム」ができあがるわけです。つまり、みんなの代表として人前で歌うのはわたしなんだけど、全員で「小泉今日子」というユニットをやっている。そういう思いが、ずっとあったんです。

――いやあ、おもしろいです。

小泉　わたしひとりでは、まったくない。いつでも、誰かに助けられている。そういう感覚です。

――若いころから、アイドル時代から、そんなふうに。

小泉　きっと「きびしく管理したい人」からしたら、やりにくい存在だったと思います。自分で曲をつくったり、歌詞を書いたり、コンサートの企画をやったりしていると、「えらい人」がいろいろ言ってくるんです（笑）。あるときに

「こんなのが売れたら、おまえの言うこと何でも聞いてやるよ」と言われた曲があって。

――へええ……。

小泉　それ、わたし史上最大のヒット曲になったんです。

――えっ、それって、もしかして。

小泉　『あなたに会えてよかった』。

――ああ、今ずっと聴いてきました。駅からここへ来るまでの間、ずっと。小泉さんの取材の前に聴くなら、やっぱりこの曲だなあと思って。

小泉　本当ですか、ありがとうございます。その「言うこと何でも聞いてやるよ」っておっしゃった「えらい人」も「俺の負けだよ」って（笑）。

――そんないきさつがあったんですか。あの曲には。

小泉　はじめはね、歌詞の最後のところ、もっと凡庸なことを書いていたんです。

――凡庸。

小泉　そしたら、ディレクターから「ちょっと恥ずかしくなっちゃうくらいのフレーズに変えない？」って。

——なんと。

小泉　それで「世界で一番 素敵な恋をしたね」という歌詞に変えたんです。

——あの曲のなかでも、とくに印象に残る部分になった。

小泉　そういう意味で、「ユニット」なの。

——はあー……それ、おいくつくらいのときのお話なんですか。

小泉　25歳です。15歳でこの仕事をはじめているので、10年くらい経って、そういうことができはじめて、やっと「認めてもらえた」という感覚がありました。

——今は、明確に「プロデュース」をしてらっしゃいますよね。

小泉　はい。

——でも、そうやって、昔から「小泉今日子」というアーティストを「自分でプロデュースする」気持ちがあったということですね。

小泉　そんなふうに育ててくれた大人がたくさん、いたんです。「この曲の歌詞を書いてみない？」とか「コンサートの演出どうしたい？」とか「アルバムの半分、好きなミュージシャンとやっていいよ」とか……そんなふうに育ててくれた大人が。

――でも、それも「おもしろい答えが出てくるだろう」と思うから、でしょうけど。

小泉　いえいえ。

――じゃ、そのときの経験が、今の仕事にも活かされていて。

小泉　そうですね、それは。でも、こうして裏方へまわってみたら、前に出ていたころには見えなかった苦労が、たくさん見えてきたんです。

――その立場に立たなきゃ見えないもの、たくさんありますよね。

小泉　お金のこととか、納期のこととか……。当時の仲間たちが、どれだけ苦労して、わたしの言いだしたことを会議に通して、実現してくれていたんだろうって。感謝の気持ちが、今になって、あらためて湧き出てくるんです。

――自分は、80年代に小学生だったんですけど、当時は、ブラウン管のテレビのなかに、ふたりの偉大なアイドルがいたんです。「なんてったってアイドル」の人が、まずひとりで。

小泉　はい（笑）。

――もうひとりが、中森明菜さんでした。で、中森さんも自己プロデュースのアーティストですよね。

小泉　そうですね。彼女は、テレビの3分間を「劇場」に変えてしまう人。間近で見ていて、本当にかっこよかったし、すごかった。

――ふたりは仲良しなんじゃないかなと、当時、なんとなく……。

小泉　はい。明菜ちゃんの対極にいたのが、わたしだったと思います。だから、とっても関係性はよかったと思います。わたしたち、たがいにできないことをやっていたから。わたしがヒラヒラした脳天気な衣装を着ていたら、明菜ちゃんが「いいねー、その服！」って褒めてくれたりとか（笑）。

――自分で自分をプロデュースしてきたふたりだからこそ、認め合える仲だったんだろうなあと、勝手に思っています。

小泉　当時、フジテレビの『夜のヒットスタジオ』って歌番組があって。

――はい。

小泉　ふたりでピンクレディーの曲を歌うことになったんです。

――あ、憶えているかも……曲は「ＳＯＳ」でしたか？

小泉　そうそう、あのとき、おそろいの衣装は用意されてなかったので、各々の衣装で歌うってことになってたんです。

――ええ、ええ。

小泉　でも当日、ふたりで「どうせなら、おそろいの格好にしたいよね」って、本番直前にフジテレビの衣装部に行って、いろいろ探して。

――え、自分たちで？

小泉　そう。

――おそろいの衣装を。

小泉　うん。でも、なかなか見つからなくて、結局……たぶんあれ「コント用」じゃないかなあ、真っ黒い全身タイツに黒いチュチュみたいなスカートを合わせて、ふたりで歌ったんです（笑）。

――思い出しました。見たことあります、その光景。

小泉　とんねるずの「モジモジくん」みたいな真っ黒けで、髪の毛も三編みにして（笑）。当時から明菜ちゃんって、ギリギリまで諦めないところがあったんです。「どうせだったら、ちゃんとやろうよ」って。

――でも、それ、小泉今日子さんと中森明菜さんという二大アイドルが「そうしたい」と言っても、さまざまな関係者がいるわけじゃないですか。それこそ「えらい人」から。

小泉　そうですね。

――それでも、やれちゃったんですか。

小泉　当時のテレビ局……とくにフジテレビの現場には、とても自由な空気が流れていたんです。こちらの提案をプロデューサーがおもしろがってくれれば、かなり臨機応変に対応してくれたんです。

――衣装部屋を開けてくれたり。

小泉　クリスマス特番で「小沢健二さんとふたりでメドレーを歌ってほしいんだけど、何か考えてくれませんか」って、構成作家さんがお願いしてきたこともありました。

――わあ、それ、何をやったんですか？

小泉　「わたしたちのうしろで、サンタの格好をしたエドツワキさんが水森亜土ちゃんみたいにガラスに絵を描いてて、さらにDub Master XさんがＤＪやってるってのはどう？」って言ったら、そのとおりになりました（笑）。

――おお、楽しそう！　そうやって、ご自分のやりたいことを、表現してきたたんですね。

小泉 でも、それも「仲間」がいればこそ、です。

――なるほど……。「仲間」という答えは、小泉さんの過去と現在と未来のぜんぶにつながってるような気がします。

小泉 大丈夫だったでしょうか。おもしろい答えでもないから……。

――そんなことないです。感動さえしました。

小泉 本当ですか。

――自分も「仲間」に助けられてばっかりだということを思い出して。

小泉 その気持ちは、忘れてはいけないですよね。

――はい。

小泉 そして、誰かに「仲間になってほしい」と思われるような自分に、なれたらいいなあと思っています。

（2020年3月10日　代官山にて）

小泉今日子（こいずみ・きょうこ）
1966年生まれ。1982年歌手としてデビュー。同時に映画やテレビドラマなどで女優業も開始。エッセイや書評など執筆家としても活動している。2015年にはみずからが代表を務める「株式会社明後日」を設立。プロデューサーとして舞台演劇や音楽イベントなどの企画、制作に従事。また、映画制作プロダクション「新世界合同会社」のメンバーとして2020年8月28日公開予定の外山文治監督「ソワレ」にアソシエイトプロデューサーとして参加している。

15の、はたらくことば。初出一覧

この本を読んでくださったみなさんへ

ほぼ日刊イトイ新聞「はたらきたい展。2」プロジェクトチーム
奥野武範

本書は、2020年5月に渋谷パルコで開催されるはずだった「はたらきたい展。2」の主たる展示内容を、ほとんどそのまま収録したものです。

前年暮れ、わたしたち「ほぼ日刊イトイ新聞」では、「はたらくこと」や「仕事」についての「悩みや疑問・質問」を送ってほしいと読者にお願いしました。半年後に迫った「はたらきたい展。2」の内容を考えるにあたり、まずは今の時代に生きる人々が、どんな「悩みや疑問・質問」を抱いているか知っておきたかったのです。結果、300を超す「悩みや疑問・質問」が集まりました。それらに目を通していると、はたらくとは、じつに色とりどりの「悩

みや疑問・質問」に満ちていると知りました。そして、それら「悩みや疑問・質問」に答えてほしい人の顔が、次々と、具体的に、思い浮かんできたのです。

「才能」については、俳優の本木雅弘さんに。「お金」については、漫画家の蛭子能収さんに。「センス」については、ブックデザイナーの祖父江慎さんに。こうして約300のなかから選び出した「33の悩みや疑問・質問」に対して、33人の著名人に「答え」を聞いて回ることにしました。その成果を、展覧会の主たる展示内容にしようと決めたのです。

2月の半ばからはじめた「取材行」は、単独だったこともあって、たっぷり4月初旬までかかりました。最後の数名については、新型コロナウィルスのために、ビデオ会議システムを使ったインタビューとなりました。1ヶ月半ほどの取材期間を通じて「開催できないかもしれない」という不安は、つねにつきまとっていました。でも、33人のもとをおとずれインタビューをはじめるや、不安は、すっと消えていったように思います。やりとりを通じて深まっていく「はたらくの考え」は、いい意味で「答え」というより、質問者への「お返事」みたいなものになりました。そして開催の約1ヶ月前、展覧会は、正式に開催中止となりました。

こうして「はたらきたい展。2」は、2020年という不思議な年に、消えてなくなってしまった展覧会のひとつとなりました。会場デザインの詰め作業も、徹夜必至かと思われた設営も、関連するトークイベントも、ぜんぶ真っ白になりました。そして、33人による「33の答え」だけが、みずみずしい輝きを保ちながら、わたしたちの手元に残りました。すべてが消えたあと、いちばん大事なものだけが、宝石のように残されたのです。このコロナ禍によって多くの人々が「はたらくこと」を見つめ直している今、それら「宝石」を一冊の本にまとめることには、大きな意義があると思いました。こうして、幻と消えた展覧会の「公式図録」として、本書がうまれたというしだいです。

必ずしも「絶対」ではないし、たがいに矛盾してさえもいる「33の答え」を並べてみると、はたらくことの多面性や多様性、人の数だけ「はたらく」の考えがあること、仕事というものに対する人々の真剣な眼差しなどが浮き彫りになってきます。新型コロナウィルスの蔓延という極めて特殊な時期に示された「答え」には、100年後の人にも通じる「普遍性」が備わっていました。それぞれの「答え」に感服しながらも、いちばん感動したのは、33人のみなさんが、会ったこともない誰かの「悩みや疑問・質問」に、心から真摯に真剣に答えてくれたこと、でした。

最後に、言うまでもないことですが、300を超す質問を送ってくれた読者がいなければ、この本はうまれていません。新しい時代の「はたらく」を考える、そのきっかけを与えてくれた「ほぼ日」読者に、感謝します。わたしたちは、真剣に質問してくれた人たちと、真剣に答えてくれた人たちの出会う場を、ただ用意しただけの者です。

デザイン
漆原悠一、栗田茉奈（tento）

イラストレーション
佐々木マキ © Maki Sasaki 2020 by Medialynx Japan

四コマ漫画
和田ラヂヲ

編集協力
稲崎吾郎（ほぼ日刊イトイ新聞）

編集
新庄清二（青幻舎）

スペシャルサンクス
悩みや質問を送ってくれた、
すべてのみなさん

撮影 ©キッチンミノル（p.272）
©TOWA（p.344）
©曽我部洋平（p.416）

33の悩みと答えの深い森。
ほぼ日「はたらきたい展。2」の本

二〇二〇年八月二三日 初版発行

構成・文——奥野武範（ほぼ日刊イトイ新聞）

発行者——安田英樹
発行所——株式会社青幻舎
〒六〇四-八一三六
京都市中京区梅忠町九-一
TEL.〇七五-二五二-六七六六
FAX.〇七五-二五二-六七七〇
http://www.seigensha.com

印刷・製本——株式会社八紘美術

ISBN978-4-86152-801-9 C0095

バッサリ

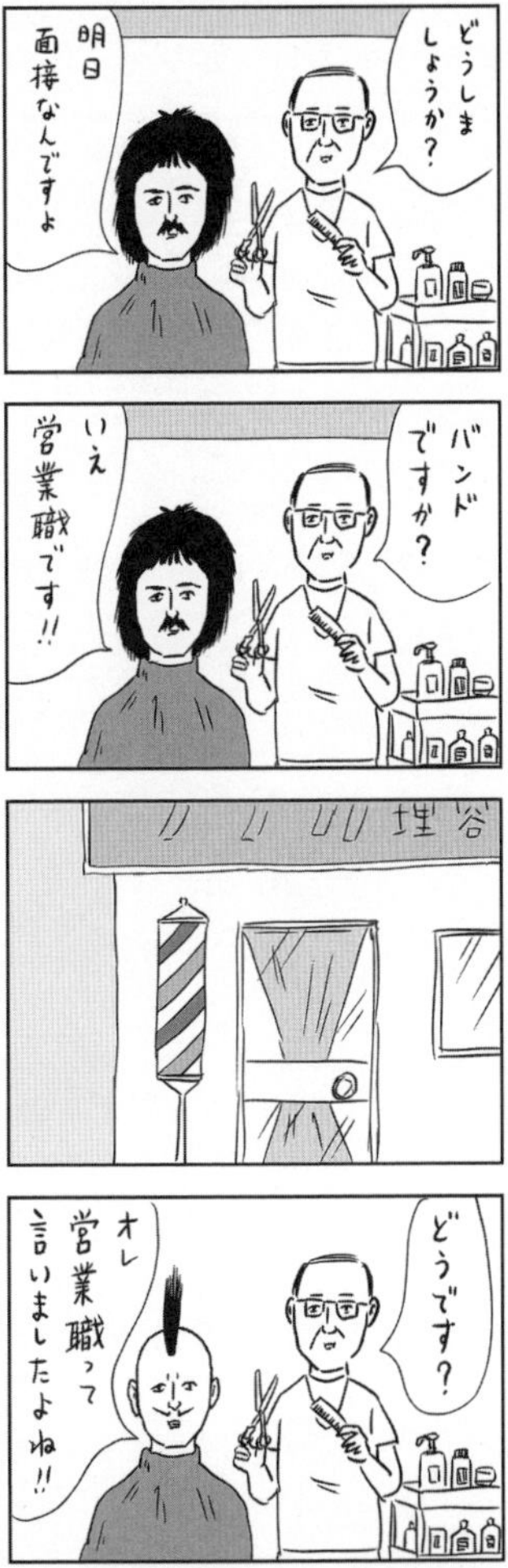
どうしましょうか？
明日面接なんですよ
バンドですか？
いえ営業職です!!
どうです？
オレ営業職って言いましたよね!!

知識

お前
就活って知っとるか？
USA
ザー
ザー
名古屋のか
USA
それは味噌カツじゃ
ザー
ザー

誘惑

君たち!!
そんなダンゴで小さな
納得しているのか!!
わが社に来れば
ダンゴ食べ放題!!社会保険完備!!
ちょっと!!アンタ誰だ!!
ドキッ

せっかく「はたらきたい。」って言って
こうして本までつくったのに、
その「はたらきたくないTシャツ」って
どういうことですか。

34/33

●悩み

7年前、最初の「はたらきたい展。」を苦労して準備している最中、妻が「はたらきたくない」と書かれたTシャツを着ていて衝撃でした。当時、周囲の人たちの間で評判になっていたんだそうです。でも、自分としては複雑でした。そもそも「はたらきたくない」だなんて、ちょっと不謹慎じゃないでしょうか。

（44歳・編集者）

●答え――

そのTシャツを着て出勤しても
何にも言われない人に
なったらいいいんじゃないですか。

加賀美健（現代美術作家）

答えた人

――2013年に、1回目の「はたらきたい展。」を渋谷パルコでやらせてもらったんです。

加賀美　ええ。

――はたらくとか仕事についての展覧会という、まあ、決して派手じゃない内容だったんで心配だったんですが、たくさんのかたにご来場いただきまして。

加賀美　そうなんですね。

――渋谷のあとに、大阪と福岡にも巡回して行ったんですけど……。

加賀美　すごいですね。

――ある日、準備作業で遅い時間に家に帰ったら、妻が、ぼくらの展覧会を真っ向から否定するようなTシャツを着ていたんです。うれしそうに。

加賀美　そうなんですね。

――かわいいでしょとかいって。

加賀美　はい。

――そのTシャツには、胸に大きく、こう書いてありました。「はたらきたくない」。

加賀美　ははは。

――モコモコしていて、何かもう、憎めないフォントで。

加賀美　それ、ぼくがつくったTシャツですね。

――はい。だからこうして、お話をうかがいにきております。

加賀美　ずいぶん前に製作したものですね。

――衝撃でした。ぼくらが、あれだけ「はたらきたいはたらきたい」言ってんのに、まったく真逆の「はたらきたくない」というTシャツを、じつにかろやかに、世に問うている人がいる……と。

加賀美　そんな大げさなことじゃないですけどね。

――あれ、どんな気持ちでつくったんですか。

加賀美　どんな……そうですね。7年前でしょ、だから自分のお店をつくって2、3年経ったころかな。ふだん不定休で開けたり開けなかったりしてる店なんですけど。

──代官山の「ストレンジストア」ですね。

加賀美　お客さんには、若い人が多いんですよ。で、自分より下の年齢の子たちとしゃべってると、けっこうおもしろいんだけど、基本はやっぱり「好きなことしたい」って言うんです。

──ああ、自分も若いころはそんなことばっかり言ってたような。好きなことって何なのか、よくわからないまま。

加賀美　アーティストになりたいけどどうすればいいんですか、なんて聞かれたりもするんです。だけど、いきなりアーティストってそれ、無理じゃないですか。だから「まずは、はたらかなきゃ食べていけないんじゃないの？」って話になるんですよ。

──ええ。

加賀美　そうすると「はたらいたら、好きなことをやる時間がなくなる」とか言うんです。「はたらいたら負け」みたいな感じで。でも、そんなこと言ったたって、アートで食べて行けるようになるまでは、はたらかなきゃなんないですよね。

――そうですね。人生。

加賀美　自分も昔は、はたらくってタイヘンだなあって思ってたし、それは今でもなんだけど、若いころの「はたらく」って、そんなに自分から遠くにあったんだっけってことがね、何だかおもしろいと思って。それで。

――ええ。

加賀美　実際、はたらいてないと着れないTシャツをつくったんです。

――あ……そうか。あれは「はたらいてないと着れない」Tシャツ、なのか……！

加賀美　だって「はたらきたくない」なんて言ってるTシャツ、本当にはたらいてない人が着たってダサいだけでしょ？　将来を夢見て一生懸命はたらく若者でも毎日まじめに出勤してるおじさんでも誰でもいいけど「実際にはたらいている人」が着るからこそ、おもしろいわけであって。

——自分はきちんとはたらけているかどうか……が、問われているんだ。Tシャツによって。

加賀美　ただ、友だちがあれ着て出社したら怒られたって言ってたけど。上司の人に（笑）。

——なるほど（笑）。でも、そう思うと、あのTシャツがふつうに許される会社で「はたらきたい」ものですね。

加賀美　ようするに「はたらきたくない」なんてTシャツ着てても、ちゃんとはたらいていれば怒られないと思うんです。

——そうか。

加賀美　むしろ、あれを着て営業成績トップとか、めっちゃカッコいいじゃないですか。

——あのTシャツで出勤しても、何も言われない人になれってことですね、つまり。

加賀美　そうです。「そんなこと言ったって、はたらいてるじゃないか、キミ。他の誰よりも」と思われればいい。

――深い……そんなに深いTシャツだったんだ。失礼しました、不謹慎とか言って。

加賀美　ぜんぜん大丈夫ですよ。

――ちなみに、加賀美さんにとっての「はたらく」って、どういうことですか。

加賀美　んー、はたらくこと、はたらくこと……むずかしいですね。みんな、どう考えてるんだろう。はたらかないと、お金を稼げないわけでしょ？　お金を稼がないと、ごはんを食べられませんよね。つまり、家族を養っていけないじゃないですか。

――ええ。

加賀美　だから「当たりまえのこと」なんですかね、自分にとっては。生きていくってことと、ほとんど同じ意味っていうか。

——とくに、加賀美さんの場合は「アート」ですもんね。イコール自分、みたいなお仕事なわけで。

加賀美　会社勤めしてるわけでもなければ、美容師さんとか料理人みたいに手に職もない。ぜんぶが「頭ん中」なんです、ぼくの場合。それを、どう「はたらく」にするかといったら「アート」しかなかった。この「頭の中で考えてる物」をカタチにするしかなかったんです。はたらくって何かとか考える間もなくやってきたことが、気づいたら仕事になってたんですよ。

——最終的に「やりたいこと」が仕事にならない人って、たくさんいますよね。アートならアートを目指していたけど、いまは別の仕事をしていますって人が、世の中ほとんどだと思うんです。

加賀美　ええ。

——加賀美さんの場合「はたらかなきゃ」って自然に受け入れながら、でも「自分のやりたいこと」は譲らなかったわけですね。

加賀美　もちろんバイトもしてましたよ、けっこういい歳になるまで。でも、好きなことって、仕事であろうがなかろうが「やる」じゃないですか。そうやってやり続けてきた結果、いつの間にか、お金がもらえるようになってたって感じです。

――なるほど。

加賀美　俺、ずいぶん前から日本語のTシャツをつくってるんですけど、ずっと「おもしろいけど着れないよね」って言われてきたんです。でも、やめずに続けてきたら、今じゃ「加賀美さんの直筆で書いてくれ」みたいなオファーが来たりもするんです。だから、やめずに続けてたら「いきなりひっくり返る瞬間」ってくるんですよ。

――続けることの重要さ、ですね。

加賀美　そうなんです。でも、その代わり、えらい時間がかかります、アートの場合。

ふつうの人が1年で進む距離を、アートは10年かかるって。

――ひゃー、そうなんですか。

加賀美　だから、店にくる若い子にも「とりあえず10年くらい続けてみたら？」って言うんだけど「10年もやるんですかぁ」と。「3ヶ月くらいで、なんとかなりませんかね」みたいな。

――どうして人は若いときほど生き急ぐんでしょうか。

加賀美　そんなんで諦めちゃうんならもったいないなあって、俺なんかは思いますけどね。11年めに仕事がもらえるかもしれないのに。

――アートを長く続けてきた加賀美さんは、いま「自分の仕事は、こうだ」みたいな基準って、あるんですか。

加賀美　自分がおもしろがってるかどうかだけ、ですね。

――だけ。

加賀美　うん、流行りを追いかけてるわけでもないんで、それだけです。自己満足って言われるかもしれないけど、自己満足がなかったら、絶対におもしろいものにはならないと思う。

――ピエール・バルーさんが、まったく同じことを言ってました。「自分の得た喜びだけを灯りにして進んでいけば道に迷うことはない。きみの人生の唯一の道しるべだから」と。

加賀美　わかります。それ以外ないと思います。インスタグラムで「いいね」が多いとか少ないとか、あるじゃないですか。

――そこに一喜一憂してますよね。

加賀美　俺の場合、すごく気に入ったポストに限って「いいね」が少ないんです。そのことを自分の中の「軸」にはしてますかね。

――ええと、つまり「いいね」が少ないと「マズいかな」と。

加賀美　いや、逆です。自分が「これはおもしろい！」と思ったものに「いいね」が増えてきたら、ちょっと危ないかもって。

──へええ。

加賀美　昔から、自分が「本当におもしろいと思ったもの」に限って「いいね」は少ないんです。衝動的に「うわーっ!」と思ったものって、まだ「よくわかんないもの」の状態なんでしょうね。何て言うかその、まわりの人たちにとっては。

──だから「いいね」増えたら「まてまて」と。

加賀美　そう。うちの娘がね、いま9歳なんです。小学校4年生で。

──ええ。

加賀美　このまえ、ウ○コのおもちゃとかがズラーっと並んでる仕事場にいたら、フラッと入ってきたんですよ。で、その日めちゃくちゃ暑かったんで、靴下を脱いでそこらへんに投げといたんです。

──はい。

加賀美　そしたら、娘が「パパ、これ作品?」って。

――最高だなあ（笑）。

加賀美　もう、びっくりして。

――加賀美さんの娘さんならでは、ですね。つまり「その目」が養われている。

加賀美　自分が9歳のときに親父の靴下を見て「作品？」なんて感覚は絶対になかった。だからもう、ただただ、うらやましくなって。

――娘さんの視点に。

加賀美　嫉妬しました。娘の、その「目」に。

――なるほど。

加賀美　で、そういう悔しさを忘れずにいたいなあって思うんですよ。ジイさんになっても、この仕事を続けている限りはね。

（2020年5月　外苑前にて）

加賀美健（かがみ・けん）
現代美術作家。1974年、東京都生まれ。社会現象や時事問題、カルチャーなどをジョーク的発想に変換し、彫刻、絵画、ドローイング、映像、パフォーマンスなど、メディアを横断して発表している。2010年に、代官山にオリジナル商品などを扱う自身のお店（それ自体が作品である）ストレンジストアをオープン。
instagram: @kenkagami

はたらいてばっかじゃなくって　たまにはおさんぽつれてって